SOCIÉTE ANONYME

DE LA

PANTOGRAPHIE VOLTAIQUE

AU CAPITAL DE 5,000,000 PORTÉ A 10,000,000

PAR DÉLIBÉRATION DE L'ASSEMBLÉE GÉNÉRALE DU 11 NOVEMBRE 1873

Siége social : à Paris, passage Colbert, 18

GRANDE MANUFACTURE D'ORFÉVRERIE

D'ÉGLISE ET DE TABLE

DÉPOT : A PARIS, GALERIE VIVIENNE, 24

USINE A ERCUIS (OISE)

Par **Neuilly-en-Thelle**, pour la Correspondance

Par la **Station de Cires-les-Mello**, pour les Colis

(CHEMIN DE FER DU NORD)

CORRESPONDANTS :

M. GUERRIER

A PARIS, GALERIE VIVIENNE, 24

M. HUET

A BRUXELLES, PLACE SAINTE-GUDULE, 14

M. BONNEFOND

A BORDEAUX, ALLÉES DE TOURNY, 7

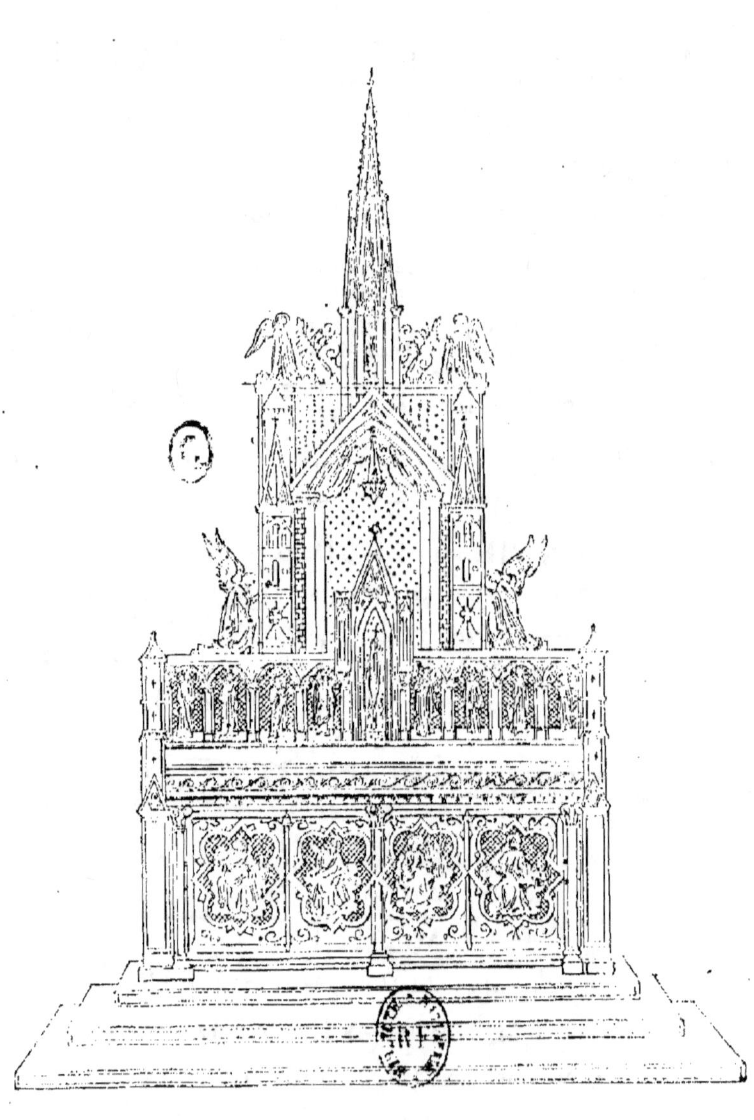

ORFÉVRERIE D'ÉGLISE

Depuis les Autels pantographiés, émaillés, splendides, jusqu'aux plus humbles objets du culte :

Ostensoirs, Calices, Ciboires, Burettes, Croix, Chandeliers, Chemins de Croix émaillés, Tabernacles, Lustres, Lampes, Candélabres, Vases d'autel, Baisers-de-paix, Appliques, Bénitiers, Chrémiers, Boîtes aux saintes huiles, etc., etc., ciselés, gravés, émaillés, et en général tout ce qui a rapport au service des Églises.

Redorure et réargenture de Vases sacrés, et Réparations dans d'excellentes conditions de beauté et de solidité. — Achat des vieux Vases sacrés.

ORFÉVRERIE DE TABLE

Petite et grosse Orfévrerie, comprenant le Couvert sous toutes les formes, argenté à tous les titres demandés, et toutes les pièces du grand service :

Couverts, Couteaux, Truelles, Pelles à tarte, Cuillères à sucre, à sauce, à compote, à café, à fraises, sodas ; Plateaux, Cafetières, Théières, Sucriers, Plats, Réchauds, Soupières, Flambeaux, Huiliers, Porte-Liqueurs, Bougeoirs, Corbeilles, Porte-Bouquets, Bouilloires ; Service complet à thé et à café.

Objets à l'usage des Limonadiers. — Réargenture et Réparations. — Achat des couverts en argent et de la vieille argenterie.

MÉDAILLERIE ET PETITE BIJOUTERIE

Médailles unies, festonnées, dorées, argentées ; Médailles de première Communion et de Confirmation, de Lourdes, de la Salette, de Pontmain, de Notre-Dame-des-Anges, du Rosaire, etc., etc. ; Croix, Croix émaillées, Cœurs, Écussons, Chapelets, Œufs à chapelet, Vierges avec ou sans écrin, Niches tournantes, Chapelles, Médaillons, etc., etc. ; Fil minargent.

Boutons de manchettes, Pendants d'oreilles, Broches, dorées, émaillées, en mosaïque ; Boucles de souliers pour Messieurs les Ecclésiastiques.

Au moment où toutes les populations s'ébranlent vers les sanctuaires de tous pays, nous rappelons que l'Usine possède un choix exceptionnel d'objets de pèlerinage, et qu'elle confectionne, pour ex-votos, des Cœurs émaillés d'une beauté que rien ne peut surpasser, à un prix relativement minime, auquel nulle maison ne peut faire concurrence.

Cœurs, pour ex-votos, en argent ou argentés, dorés, émaillés, avec roses, lis, pierres précieuses, emblèmes, dans toutes les dimensions et dans tous les prix, depuis 5 francs jusqu'à 100 francs et au-dessus.

En dehors de ses modèles, l'Usine se charge de la fabrication de toutes Médailles, Croix, Objets de piété, argentés, dorés, émaillés, pour quelque but, confrérie ou sanctuaire que ce soit.

A FRUCTIBUS EORUM COGNOSCETIS EOS.

C'est aux fruits qu'on reconnaît l'arbre.

Telle est la devise de la Pantographie et son programme; nous pouvons, dès aujourd'hui, donner la preuve que ses efforts ont été couronnés de succès et qu'elle a dignement répondu à l'attente de tous ceux qui se sont adressés à elle. Ce ne sont plus seulement des mots et des promesses, ce sont des faits, des faits indiscutables, semés par toute la France, et qui sont là pour répondre à toutes les objections. Aussi croyons-nous ne pouvoir donner de meilleurs garants de notre désir de bien faire et du but atteint, que les nombreuses attestations que nous mettons sous les yeux du public. Sans doute on trouvera bien des redites, bien des détails fastidieux, mais nous voulons faire voir que notre clientèle a déjà pris des proportions immenses, quant aux lieux, et satisfaisantes partout et pour tous, en prenant au hasard dans nos nombreuses lettres d'éloges; si la discrétion ne nous en empêchait, nous citerions des approbations épiscopales qui sont pour nous d'une haute valeur.

Nous sommes heureux et fiers de le dire, Nosseigneurs les Évêques, que notre représentant a visités, ont été unanimes à reconnaître la beauté et la supériorité de nos produits; ils ont promis de patronner la Société, et plusieurs, joignant l'effet à la promesse, nous ont mis à l'œuvre et satisfaits du résultat, ont engagé Messieurs leurs Curés à s'adresser à nous. Nous osons les assurer qu'ils n'auront jamais à regretter leur bienveillance.

EXTRAIT D'UNE LETTRE CONFIDENTIELLE DE MONSEIGNEUR PILLON
A SES CONFRÈRES ET A SES AMIS

Exposition de sa ligne de conduite dans la Société

de la Pantographie Voltaïque

En réponse à quelques objections mal fondées.

MESSIEURS,

Dans un siècle comme le nôtre, où tout s'affaiblit, où tout se détraque, où les meilleures intentions sont mal interprétées et noircies par la calomnie, où les réputations les mieux établies sont souvent avilies, il est bon d'indiquer à ses amis le but que l'on se propose dans ses actes publics et le chemin que l'on prend pour y parvenir.

Je ne vous dissimulerai point, Messieurs, que je me suis souvent trouvé mêlé à l'œuvre de la *Pantographie;* mais je dois vous faire connaître dans quelle mesure je m'y suis trouvé mêlé, afin qu'on ne se méprenne sur aucune de mes démarches.

Je repousserai d'abord l'imputation d'avoir jamais été *ni un industriel, ni un commerçant,* car l'industrie n'entre ni dans mes goûts naturels, ni dans ma vocation sainte; je suis prêtre et j'ai été pasteur d'un troupeau bien cher à mon cœur pendant trente-trois ans, là se bornait mon ambition. — Dans mon ministère pastoral, je me suis appliqué de toutes mes forces à faire le bien au milieu de mes ouailles, par tous les moyens en mon pouvoir.

Ercuis, comme toutes les localités qui environnent Paris, avait peu de croyances religieuses; tout était à renouveler dans ce pays. — J'ai cherché d'abord à ramener le peuple à l'église, j'y ai réussi, et cette paroisse, après bien des semences évangéliques, est devenue une des meilleures de l'arrondissement de Senlis. — Ce n'est pas sans peines et sans sacrifices, Messieurs, que l'on obtient un pareil résultat. Non-seulement il faut prier, évangéliser, multiplier son zèle et payer par l'exemple; mais il faut, quand on le peut, faire voir à ceux qu'on aime en Dieu que l'on s'occupe aussi de leur bien temporel. — Les populations qui résistent au zèle du prêtre ne résistent pas souvent à ses bienfaits temporels.

Ercuis était autrefois célèbre par son commerce de soie, de coton et de poils de chèvre; mais cette industrie ayant cessé tout à coup, mon ancienne paroisse tomba dans la pauvreté la plus grande. C'est alors que, en bon pasteur qui doit donner sa vie pour ses brebis, je me suis dévoué outre mesure, et je dus penser à relever mon pays de ses ruines. — La Providence m'en fournit l'occasion par la *Pantographie*. —

Les fondateurs de cette grande entreprise demandèrent
à user de la publicité de mon journal pour faire connaître leur œuvre, aussi utile à la religion qu'aux
beaux-arts; je leur posai une condition, sans vouloir,
toutefois, m'initier dans aucune affaire commerciale :
c'était la promesse, de leur part, de bâtir à Ercuis
l'usine qu'ils projetaient d'établir ailleurs; — dans
cette institution nouvelle, je trouvais de l'ouvrage
pour mes bon pères de famille et un encouragement
pour la religion. — A mes yeux de prêtre, c'était là
le seul moyen de régénérer immédiatement la paroisse
au physique et au moral, car Dieu, dans ses œuvres,
nous conduit presque toujours des choses matérielles
aux choses spirituelles. Comme vous le voyez, mon
intention devant Dieu n'était donc point de m'enrichir,
mais de combler mes paroissiens de toutes les grâces
du ciel et de la terre, en faisant d'Ercuis une paroisse
modèle, et de l'usine, par la discipline et la moralité
chez les ouvriers, un type de régénération pour les
classes ouvrières. En accomplissant ce devoir pastoral,
je n'ai jamais cru manquer aux règles ecclésiastiques,
et c'est à tort qu'on me reprocherait d'avoir quitté le
ministère des anges pour devenir un industriel, ou,
comme l'a dit un ennemi, « un vendeur de cuillères. »

Il y a dans la question qui nous occupe, Messieurs,
deux questions d'une haute élévation : la régénération
spirituelle de ma paroisse par les moyens humains, unis
aux moyens de la grâce, et la régénération sociale

par l'ouvrier devenu chrétien. — Ces deux buts, dignes d'un cœur sacerdotal, et dignes d'un Français qui s'occupe de l'avenir de son malheureux pays, je les ai poursuivis avec une persévérance surhumaine. Une fois lancé dans cette mission, il m'a été impossible de reculer, pas plus qu'il n'est possible à celui qui trace le sillon de reculer en arrière, car venaient après moi une foule de prêtres et d'hommes distingués qui avaient suivi mon exemple et marché comme moi vers le même but.

J'ai beaucoup souffert pour cette régénération, et j'ai d'autant plus souffert que j'ai été attaqué innocemment, et qu'on se méprenait sur mes intentions les plus pures. — J'ai beaucoup souffert, car on voulait me faire jouer un rôle humiliant qui n'entrait pas dans mes habitudes sacerdotales ; — je n'avais en vue, et uniquement en vue, que le côté moral. — J'ai beaucoup souffert, car ceux qui étaient appelés pour m'aider m'ont souvent entravé dans ma marche moralisatrice. — Si je n'avais pas rencontré tant d'obstacles, l'usine d'Ercuis serait aujourd'hui le type régénérateur de toutes les industries françaises, et nous aurions montré à tous comment il est possible de moraliser l'ouvrier, d'en faire même un excellent chrétien et un bon père de famille. — Si je n'avais pas rencontré d'entraves, Ercuis serait aujourd'hui un pays catholique par excellence, réunissant aux aspirations de la science, du génie et des beaux-arts, la piété la plus aimable qui est la base de toute société ; mais ce qui n'est pas achevé s'achèvera avec le temps et sous l'œil de Celui qui, au printemps, fait luire son soleil vivifiant sur toutes les semences, les fait germer et pousser selon leurs destinées.

Nous avons déjà fait un progrès immense, et tous ceux qui ont connu autrefois Ercuis ne peuvent plus le reconnaître, tant il a grandi, tant il s'est embelli à tous les points de vue. Donc, nous arriverons certainement au but, je ne parle pas ici du commerce, car cette affaire ne me concerne pas ; — mais comme l'ordre, la discipline et le travail enfantent la fortune et la prospérité, je ne doute pas que la *Pantographie* n'obtienne le plus grand succès.

Je sais qu'on voudrait bien déjà voir cette Société dominer toutes ses concurrentes et toutes ses rivales, mais ce n'est pas possible en si peu de temps, et, du reste, le proverbe nous dit que : *Tout vient à point à qui sait attendre.*

Maintenant, Messieurs, vous comprenez le but que je me suis proposé, et vous n'avez plus de doute qu'il n'ait été absolument dans les limites de mes attributions pastorales. — Quelques personnes ont été surprises de me voir dans cette affaire industrielle, mais vous voyez clairement par quel côté je l'ai touchée, et vous pouvez apprécier les motifs vrais et légitimes qui m'y ont engagé. — Voilà pourquoi je me sens la rougeur monter au front, lorsqu'on me regarde comme un prêtre industriel ou *métallurgique;* — rien n'est plus éloigné de mes aspirations et de mes actes.

Je suis heureux, Messieurs, de vous confier toutes ces révélations, afin d'éclairer votre religion et vous mettre à même de répondre à mes adversaires s'il s'en trouvait quelques-uns. — Informés par moi-même de la vérité, vous leur direz que mon amour pour mes paroissiens, que mon dévoûment pour la France et mon affection pour les beaux-arts ont été le principe et la seule fin de toutes mes pensées. — Si, par hasard, on croyait encore que je me suis détourné de la route tracée par ma céleste Mère, vous affirmerez que j'ai toujours travaillé avec ardeur au salut des âmes et à répandre le culte béni de la Vierge.

Dans une Assemblée générale, on avait désiré me nommer administrateur de la *Pantographie,* sous la réserve de mon acceptation, mais je dus refuser cet honneur, non parce que je ne croyais pas à l'avenir de cette œuvre, mais parce que cela n'entrait nullement dans mes goûts; — et comme je l'ai dit plus haut, je n'avais qu'un seul but, régénérer ma paroisse. Dieu a souri à mes désirs et j'ai pu y implanter une industrie rémunératrice, sans pour cela être ni *commerçant,* ni *industriel;* j'y ai apporté la richesse du commerce, mais en y arborant avant tout l'arbre de la croix, et c'est autour d'elle que rayonnent et que doivent toujours rayonner les industries de l'usine d'Ercuis, à moins que le souffle de l'impiété ne vienne gâter ce que j'ai commencé avec tant de difficultés et tant de sacrifices. — C'est par là que notre siècle verra que la religion est l'école des beaux-arts et la mère de l'ouvrier qu'elle nourrit et qu'elle moralise. — Je le répète encore, Messieurs, je suis un prêtre, un pasteur et non un commerçant. — Des hommes habiles, choisis par le Conseil d'administration, s'occupent légalement de cette noble tâche, et un avenir prochain vous prouvera avec quel zèle ils l'ont accomplie.

Je passe maintenant à la question d'intérêt personnel... Tout le monde sait que, grâce à Dieu, pendant l'administration des vingt années du *Rosier de Marie*, j'ai réalisé quelques économies et acquis une honnête aisance. — J'aurais pu amasser beaucoup plus, surtout avec un tirage exceptionnel et l'édition de mon Almanach, qui s'imprimait chaque année à 60 et 80,000 exemplaires. — Ma position était donc entièrement faite, lorsque la *Pantographie* apparut sur les hauteurs d'Ercuis ; je le constate, parce que c'est un fait avéré et à la connaissance du public, et, je le répète, si je ne me suis pas enrichi davantage, c'est que je ne l'ai point voulu, car la Providence m'en a donné toutes les occasions ; — mais, avant toute chose, j'ai tenu à recueillir des trésors qui ne périssent pas, que la rouille ni les voleurs ne peuvent enlever. — J'ai encouragé toutes les bonnes œuvres en mon pouvoir ; j'ai envoyé beaucoup d'argent dans les Missions et j'en envoie encore ; j'ai eu le bonheur d'élever, par mon concours et le vôtre, des églises au milieu des peuplades sauvages où tous les jours la prière monte vers les cieux comme un encens d'agréable odeur. Beaucoup de mes abonnés, auxquels le Seigneur a départi les biens du monde, m'ont suivi dans cette voie ; je les en félicite de toute mon âme, car ils ont envoyé des pierres vivantes dans la céleste Jérusalem. — Donc, Messieurs, avant que la *Pantographie* fût, je n'avais point besoin d'elle, et ce n'est pas une pensée de lucre qui m'a décidé à la protéger à Ercuis. — Je déclare ici hautement que *je n'ai jamais rien reçu d'elle, pas même une obole, pas même un centime*, et cependant elle a pris dans mes sacrifices, et cependant elle a pris dans mes jours et dans mes veilles une large part ; elle a été pour moi souvent un calice d'amertume et la cause innocente d'attaques injustes... ; par les fatigues incessantes que je lui ai consacrées, elle m'a arraché une partie de ma vie et des douceurs dont je pouvais jouir... — Malgré ces peines, j'ai toujours tout fait pour elle, et *gratuitement ;* — voilà pourquoi Dieu a daigné la bénir comme il bénit tout ce qui sort de la croix et qui a été teint du sang divin.

On m'a reproché d'unir dans mon journal le sacré au profane et de faire servir le *Rosier de Marie* au mercantilisme. Je réponds à cette accusation mal fondée : que la *Pantographie* est une fille de l'Église, puisque son but est d'ornementer le sanctuaire et de fabriquer les vases sacrés qui contiennent l'adorable Eucharistie ; mais ce n'est pas là pour moi la principale raison, la vraie raison, c'est que la quatrième page dans tous les journaux est destinée aux annonces... N'était-il pas juste que je fisse connaître une œuvre que je protége, qui a toutes mes sympathies, qui procure le bien de mon pays et qui sera un jour la gloire et la richesse du clergé.

Pour répondre à mon dévoûment et à mon zèle, j'ai cependant rencontré des personnes qui ont pensé, qui ont même soutenu que moi et les miens nous nous étions enrichis avec la *Pantographie*. Je ne chercherai pas, Messieurs, à réfuter par des phrases plus ou moins condensées cette accusation... Il est tellement rare de constater aujourd'hui du dévoûment et du désintéressement qu'on n'y croit généralement plus. Je vais donc parler par des chiffres et par des faits.

Quand une Société se fonde, on voit aussitôt apparaître autour d'elle des vers rongeurs comme autour d'une jeune plante : les uns mangent les feuilles, les autres rongent les boutons, d'autres sucent la séve des racines sans rien laisser de l'arbrisseau qu'un tronc desséché. — En protégeant la *Pantographie*, je n'ai pas voulu qu'elle passât par la forêt de Bondy, et à tous ceux qui se sont cachés dans l'ombre pour voler la Société, j'ai, comme une *sentinelle* fidèle et dévouée, crié tout haut : « Aux voleurs !... » Souvent mes cris répétés ont mis en fuite les larrons, mais ces derniers n'ont pas été sans haine contre moi...; de là, certaines taquineries, certaines méchancetés, mais, n'importe, je n'ai jamais craint leur hostilité, car je me bats toujours à ciel ouvert, et je défie l'administrateur le plus désintéressé et le plus dévoué de faire tout ce que j'ai fait pour cette grande entreprise. Voilà pourquoi, Messieurs, je suis si fort : — fort de ma conscience sacerdotale et fort de la justice.

J'entre maintenant dans les preuves mathématiques.

. . . .

. . . .

Les chiffres que je viens de vous donner sont la plupart appuyés sur des contrats, sur des reçus en règle, sur des délibérations soit du Conseil d'administration, soit des Assemblées générales. Après cet exposé et ces chiffres, je n'ai plus rien à vous dire. Il vous sera facile de distinguer la vérité du mensonge et l'honnête homme du coquin.

Je ne vous demande qu'une seule chose, votre estime et votre affection toujours, si vous m'en croyez digne.

PILLON (DE THURY).

APPRÉCIATIONS

« Belpech.

« Monsieur le Directeur de la Pantographie,
« Je viens de déballer votre dernier colis, vos candélabres gothiques sont parfaitement bien traités. Ils réalisent mon idéal, ils excitent l'admiration de tous les connaisseurs. Ils sont en parfaite harmonie avec la garniture de chandeliers, et je me plais à vous redire que j'en suis très-satisfait.

« Les chandeliers et la croix gothiques se distinguent par le caractère, la beauté et le fini du travail. Aucune fabrique ne pourrait donner mieux, ni à de meilleures conditions. C'est assez vous dire que vous justifiez pleinement la confiance que je vous avais accordée d'avance. La confiance méritée, dans notre siècle de fraudes industrielles et d'ignoble charlatanisme, est le plus sûr moyen de succès pour toute entreprise. La Pantographie voltaïque, par son incontestable loyauté, se prépare le plus brillant avenir ; et en marchant dans la voie d'honnêteté de laquelle elle n'a jamais dévié, elle méritera la confiance générale du clergé, trop souvent dupe de magnifiques promesses toujours ou le plus souvent suivies d'amères déceptions. Vos détracteurs n'auront jamais prise sur vos clients, au nombre desquels je ne serai pas désormais le moins dévoué.

« Agréez, Monsieur l'administrateur, jointes à mes remerciements, mes salutations respectueuses,

« Le curé doyen de Belpech (Aude),

« FRANCÈS, prêtre. »

« Toulx-Sainte-Croix.

« Monsieur l'Administrateur,
« J'ai reçu les objets que je vous avais confiés, ils sortent de l'usine d'Ercuis aussi beaux que possible, puisqu'il y en avait qui étaient entièrement détériorés et que tout nous arrive en très-bon état et aussi brillant que du neuf.   CHAMPEAUX, curé. »

« Monsieur le Directeur de l'usine d'Ercuis.

« Nous avons reçu votre envoi, le tout est arrivé à notre complète satisfaction; nous vous remercions de la diligence et des bons soins que vous y avez apportés, le grand calice surtout est parfaitement réussi.

« Agréez, etc., D'ETERVILLE-LEBRUN,
« 15, rue d'Orléans, à Nantes. »

« Rio de Janeiro.

« Monseigneur,

« Permettez-moi d'offrir, par votre intermédiaire, mes plus sincères compliments à la Société de la Pantographie, pour les différents objets que j'en ai reçus.

« Le calice et les deux candélabres que j'ai laissés à l'église de mon pays natal, en Lorraine, ont fait l'admiration de mon cher curé et de tous ses dignes confrères du canton, réunis chez lui en conférence. Tous ces Messieurs étaient émerveillés du fini du travail aussi bien que de la modicité du prix.

« L'encensoir et la navette que j'ai rapportés ici ont beaucoup plu aux personnes qui les ont examinés. Mais je tiens surtout à vous exprimer mon entière satisfaction pour la belle et magnifique lampe qui vient de m'arrivez, dans de très-bonnes conditions, par le paquebot français *Rio-Grande*.

« Le donateur, qui est un digne enfant de Saint-Jean-de-Luz, plusieurs membres du clergé brésilien, quelques missionnaires étrangers ainsi que nos bonnes Sœurs en ont été enchantées. C'est un chef-d'œuvre d'élégance aux yeux de toutes les personnes qui fréquentent notre petite chapelle.

« Recevez, je vous prie, Monseigneur, les remercîments et les salutations respectueuses de votre très-humble serviteur, C. COUTURIER,
« Missionnaire apostolique, aumônier de la légation française et du collége Saint-Vincent-de-Paul, à Rio de Janeiro (Brésil). »

« Belle-de-Mai (Bouches-du-Rhône).

« Monsieur l'Administrateur,

« J'ai reçu votre envoi du 24 septembre, et je vous en accuse réception par la présente.

« La premiè.e chose qui nous est tombée sous la main a été le cœur émaillé que nous avons trouvé très-beau.

« Puis est sorti le calice qui nous a agréablement surpris par son ornementation, par la finesse des émaux si bien distribués et par la belle forme de la coupe et du calice en général.

« Je n'ai qu'à vous remercier et à vous féliciter sur les ouvrages qui sortent de votre usine.

« Recevez, Monsieur l'administrateur, etc.,

« Frère VICTOR. »

———

« Monsieur l'Administrateur,

« J'ai reçu le calice expédié par vous le 31 mars. Je vous remercie de la prévoyance que vous avez eue de le faire consacrer. J'ai pu m'en servir pour Pâques, à ma grande satisfaction. Je le trouve de très-bon goût.

« Veuillez agréer, Monsieur l'administrateur, l'hommage de mon respect,   SÉGUINEAUD,

« Curé de Préguillac (Charente-Inférieure).»

———

« Crocq.

« Monsieur le Directeur,

« J'ai reçu le calice et les autres objets que je vous avais adressés pour être réparés.

« Ils me sont arrivés en bon état et me paraissent parfaitement bien soignés, pourvu que ce travail de réparation soit durable, et je l'espère. Je suis très-satisfait et vous fais compliment.

« L'année prochaine je puis vous procurer d'autre travail, soit pour mon église, soit pour d'autres du canton ; car MM. les curés qui ont déjà vu mes réparations me paraissent fort contents.

« Veuillez agréer, etc.,   LAURENT,

« Curé doyen du Crocq (Creuse). »

———

« Combaillaux, par les Matelles (Hérault).

« Monsieur,

« Ce n'est que samedi, à mon retour de la Salette, que j'ai trouvé à Montpellier la petite caisse venant d'Ercuis. Tous ceux à qui j'ai montré les couverts que vous m'avez envoyés en ont été, comme moi, émerveillés, vu surtout leur prix.

« Je suis avec respect,   Ch. Louvier,
        « Prêtre, curé. »

« Monsieur,

« Je vous prie de m'excuser si j'ai différé de vous accuser réception de votre petit colis, c'est qu'ayant pris une fausse direction, je n'ai pu l'avoir que le 2 courant.

« Je vous remercie très-sincèrement de votre calice mission, il est petit, c'est vrai, mais c'est un beau travail, un véritable bijou, et mes confrères ne se lassent de l'admirer.

« Agréez, Monsieur, etc.,
    « Véret B., curé de la Motte-en-Beanges
        par Châtelard (Savoie). »

« Saint-Michel.

« Monsieur,

« J'ai reçu hier par le chemin de fer la caisse contenant mes vases sacrés. Je l'ai ouverte avec grand empressement, voulant à mon tour juger de *visu* les produits de la Pantographie. Je vous avoue, Monseigneur, que j'en suis charmé, on ne peut rien trouver qui soit plus fini et mieux exécuté. Ma grande pixide est superbe, le vieux calice est maintenant d'une fraîcheur et d'une beauté telle qu'il fait oublier les nouveaux calices neufs et plus élégants. Je ne dirai rien des services de table, ils sont incontestablement ce que j'ai eu de plus parfait après l'argent. A mon tour, Monseigneur, je prédis à l'usine d'Ercuis le plus bel avenir.

« J'ai l'honneur de me dire, Monseigneur, de Votre Grandeur, le très-humble et très-obéissant serviteur,   Sibué (Alexis),
    « Curé de Saint-Michel-de-Maurienne (Savoie). »

« Bellecombe.

« Monsieur l'administrateur de l'usine d'Ercuis,

« J'ai reçu, le 34 juillet, l'envoi que vous m'avez fait d'un ciboire vermeil.

« J'en suis très-content et satisfait sous tous les rapports, et vous remercie bien de l'attention que vous avez eue de vous accommoder à mes faibles ressources.

« Recevez, Monsieur l'administrateur, etc., etc.,
                    « L'abbé BERNARD. »

———

« Séwen (Bas-Rhin).

« Monsieur le Directeur,

« Je suis très-content de l'essai que j'ai fait du travail d'Ercuis.

« Si la durée répond à la beauté, je vous enverrai encore d'autres objets à réparer plus tard ; sans nul doute Messieurs mes confrères vous confieront aussi leurs affaires, quand ils auront vu ma lampe et mes encensoirs.

« Que cette usine prospère donc et soit connue partout.

« Agréez, Monsieur le directeur, etc.,
                    « BEAUMULLER, curé. »

———

« Moyencourt, par Nesle (Somme).

« Monsieur le Directeur,

« Je m'empresse de donner connaissance à Votre Grandeur que j'ai reçu en bon état, et en son temps, le calice argent vermeil, consacré même, ainsi qu'une grande chapelle avec Vierge dorée que vous avez bien voulu commander pour moi à l'usine de la Pantographie.

« Je suis très-satisfait de la beauté du travail et de la modicité du prix. Ces deux objets ont fait l'admiration de tous ceux qui ont pu les voir. Je ferai honneur à la traite qui m'est annoncée.

« J'ai l'honneur, etc.,   MANSART, curé. »

———

« Trignères, par Château-Renard (Loiret).
« Monsieur,
« J'ai l'honneur de vous accuser réception des chandeliers, couverts et burettes que vous aviez à réparer ou à fournir.
« J'ai, sur ce, le plaisir de certifier que tout cela était en parfait état, que le vieux était redevenu vraiment neuf, et que je suis très-content.
« J'ai l'honneur, etc., CH. MARLANGE, curé. »

« Simandres.
« Monsieur le Directeur,
« J'ai reçu, depuis une quinzaine de jours, l'encensoir, la navette et les deux chandeliers que vous m'avez expédiés. Si je ne vous ai pas accusé plus tôt réception de ces divers objets, la cause en est à un voyage que j'ai fait et qui ne m'en a pas laissé le loisir.
« Décidément, Monsieur, il faut le reconnaître, tout ce qui sort de votre usine a un cachet de bon goût et de supériorité artistique qu'on ne trouve nulle part ailleurs, etc.
« Votre très-dévoué serviteur, « E. LACOMBE,
« curé de Simandres,
« par Saint-Symphorien-d'Ozon (Isère). »

« Cons-la-Grandville (Moselle).
« Monsieur l'Administrateur,
« J'ai l'honneur de vous faire savoir que j'ai reçu le 6 courant, la caisse que vous m'avez retournée. L'ouvrir, la déballer a été l'affaire d'un instant. Grande a été ma surprise! Avec des vieilleries que je vous avais envoyées, vous avez fait des objets neufs et riches.
« Comment avez-vous pu, pour la modique somme de 56 francs, dorer un encensoir, en argenter deux avec leurs navettes et deux goupillons; réparer, dorer un couvercle de custode, et fournir un bassin et un manche de goupillon.
« J'ai quelquefois fait travailler des argenteurs ambulants et même des orfèvres, toujours j'ai été déçu : travail mal exécuté et prix exagéré. Quand votre maison sera mieux connue, aucun de Messieurs les curés ne voudra plus laisser les objets nécessaires à la célébration décente des saints mystères, si dégradés qu'on ose à peine les toucher.

« Le prix de 2 fr. 50 de la médaille d'argent doré, d'encouragement, et au dos de laquelle sont gravés les mots : *École libre de Cons-la-Grandville*, aurait été de 5 francs qu'il n'aurait pas été, à mon avis, exagéré.

« Les médailles dorées de Notre-Dame-de-la-Salette sont d'un beau modèle. Le chapelet est très-riche, on l'admire.

« Vers Pâques je vous ferai un nouvel envoi de vieilleries que vous remettrez à neuf.

« Agréez, Monsieur l'Administrateur, mes sentiments dévoués.   « FROTTE,
« Curé de Cons-la-Grandville. »

———

« Puits-des-Mèzes (Haute-Marne).
« Monsieur,
« J'ai reçu, depuis près de huit mois, le calice que j'avais envoyé à l'usine pour le faire réparer ; il est métamorphosé : c'est un calice neuf. J'ai aussi reçu, il y a six mois, un ostensoir argent doré ; il est magnifique et coûte peu, il fait l'admiration de ceux de mes confrères qui l'ont vu et aussi de mes paroissiens. La dorure de l'usine est solide, bien supérieure à celle des vases sacrés qu'on nous vend, car j'ai un calice argent, doré à l'intérieur de la coupe, calice que j'ai acheté à Lyon, il y a neuf ans, la dorure a disparu et le métal est devenu rouge comme du sang corrompu.

« Je vous prie de recevoir, avec ses souhaits de bonne année, les salutations respectueuses de votre tout dévoué serviteur,   « DECHARME, curé. »

———

« Sévérac-l'Eglise (Hérault).
« Monsieur le Directeur,
« J'ai reçu la coupe de calice, mon ciboire, l'encensoir neuf et la médaille que vous m'avez envoyés. Je vous en aurais accusé réception plus tôt, si je n'avais attendu la facture. Je vous remercie de tout cœur pour ces travaux que je trouve mieux que dans aucune autre fabrique. Les trois guirlandes que vous avez fait graver sur le couvercle, la coupe et le pied du ciboire, sont tout à fait de bon goût, et ce petit vase ne pouvait guère comporter d'autre ornementation. La dorure est très belle ; l'encensoir, bien qu'un peu petit, est fort beau et solide avec les

anneaux soudés ; les médailles sont des plus belles
que j'aie vues jusqu'à ce jour.

« À vous et à votre œuvre mes meilleurs souhaits.
J'ajoute que les prix sont très-modérés. Encore une
fois, merci.   « FABVIER, curé. »

—

« Saint-Pons (Charente-Inférieure).
« Monsieur l'Administrateur,
« Je m'empresse de vous accuser réception de la
jolie et délicate custode que j'ai reçue hier, pendant
que ma domestique portait à la poste la lettre par
laquelle je vous témoignais mon inquiétude. Il y a
eu du retard au chemin de fer. Voilà tout.

« Laissez-moi, Monsieur, vous remercier d'avoir
si bien répondu à ma confiance. Je suis vraiment
non pas surprise, mais heureuse que l'on puisse
trouver à la Pantographie d'aussi jolis objets à des
prix modérés, et je vous adresse mes félicitations
bien sincères. Chaque fois que ma famille aura une
emplette à faire pour ce qui regarde l'orfèvrerie,
nous n'irons pas ailleurs qu'à la Pantographie.

« Agréez, etc.,   AMANDA RIGAUDEAU. »

—

« Arzac.
« Monsieur,
« Je viens vous accuser réception des calices que
vous nous avez renvoyés. Je suis heureux de pouvoir, en même temps, vous remercier et vous décla-
rer que nous sommes entièrement satisfaits de
toutes ces réparations.

« C'est à la Pantographie que nous nous adresserons désormais.

« Votre bien dévoué serviteur,   BONNET. »

—

« Montils (Charente-Inférieure.)
« Monsieur,
« Tous mes confrères voisins admirent le magnifique ostensoir que vous avez bien voulu choisir
vous-même et me faire expédier. Je vous envoie
sous ce pli la somme nécessaire pour le solder.

« Dans quelques mois, je vous demanderai un
beau calice aussi de votre choix.

« J'ai l'honneur, etc.,

« RESGNIER, curé de Montils. »

—

« Neuf-Église (Puy-de-Dôme).

« Monsieur,

« Des circonstances particulières ne m'ont permis d'être en pleine possession et jouissance du calice que vous m'avez adressé, que le 16 mai, jour de la Pentecôte, et ce n'est qu'aujourd'hui seulement, mardi 18, que je puis en accuser réception et vous donner l'assurance que le calice est non-seulement *conforme à mes désirs*, mais qu'il les dépasse même, car je ne m'attendais pas à ce qu'il fût doré dans tout son entier. Vous avez eu une bonne idée de remplacer la dorure indiquée au prospectus par une dorure à l'or fin, et je vous en remercie. C'est assez vous dire que je suis satisfait de mon calice.

« Dans sa forme quelque peu originale, mais très-gracieuse, comme dans tout son ensemble, il me plaît et a généralement plu à tous mes confrères du canton de Menat et quelques confrères du canton voisin réunis chez moi en conférence. Chacun de ces messieurs a dit son mot; tous ont été d'avis que le calice était bien, et que, non-seulement il n'était pas d'un prix trop élevé, mais même au-dessous des prix ordinaires, si la dorure est solide, ce dont je ne doute pas.

« Mais, comme je l'ai fait observer à mes confrères, pour se rendre compte et pour bien juger des avantages acquis par le nouveau procédé, il faut en voir l'expérimentation sur un objet vu et connu avant d'avoir passé par les mains de vos artistes. C'est pourquoi je leur ai fait examiner le calice en argent que je me propose de vous envoyer à la première occasion. Ils pourront ainsi, en connaissance de cause, apprécier votre œuvre comme je pourrais l'apprécier moi-même.　　　　　　　CHAMALLET, curé. »

« Cambounet, par Puy-Laurens (Tarn).

« Notre calice est tellement métamorphosé que, si on m'annonçait que par erreur, on m'a expédié celui d'un confrère, je le croirais sans peine. Mille fois merci d'avoir porté à notre connaissance un procédé d'embellissement si prompt et si peu dispendieux. Mes confrères voisins, à qui j'ai eu hâte de le montrer, en ont été tous émerveillés. Merci donc encore des soins que vous avez bien voulu prendre pour nous.　　　　　　　FRAYSSE, curé. »

« Meigné (Maine-et-Loire).

« J'ai tardé un peu à vous accuser réception de l'ostensoir que vous m'avez expédié le 20 mai; je voulais, après l'avoir mis en évidence à la Fête-Dieu, vous faire part des témoignages de satisfaction que j'ai reçus de mes paroissiens. On a trouvé les dessins très-bien exécutés, et l'ensemble a produit un excellent effet; je vous adresse donc d'abord mes remercîments et félicitations pour ce beau travail.

« RENOU, curé. »

« Blanzaguet, par Lavalette (Charente).

« J'ai reçu en très-bon état l'envoi que vous m'avez fait le mois dernier.

« La *perfection* de ces objets est telle qu'elle peut défier toute concurrence. — J'en ai vu chez des confrères qui, bien que très-beaux d'abord, ont fini par se détériorer promptement et ne valent pas ceux qui sortent de l'usine d'Ercuis.

« Je vous dirai que j'ai exposé les miens à un service qui aurait amené les mêmes résultats s'ils ne valaient pas mieux. Ils se sont très-bien conservés : on croirait qu'ils n'ont pas servi.   LAMBERT, curé. »

« Saint-Etienne par Alban (Savoie).

« Monseigneur,

« Je vous prie d'informer l'administration que j'ai reçu le calice qu'elle m'a expédié, et que je suis tout à fait satisfait; je n'aurais jamais cru que l'usine d'Ercuis pût faire si bien pour si modique prix.

« Daignez agréer, etc.   Maurel, curé. »

« Nœux-les-Mines (Pas-de-Calais).

« Monsieur l'Administrateur,

« Je m'empresse de vous accuser réception et de la lettre chargée et des deux calices. Je suis très-content, très-satisfait des calices.

« Leplus, curé. »

« Château-Queyras (Basses-Alpes).

« Monsieur le Directeur,

« La traite que vous avez faite sur moi, pour solde de la croix processionnelle sortie de l'usine d'Ercuis, m'est enfin parvenue. Comme vous le dites, c'est une bonne affaire pour les acquéreurs. Car cette croix, toute en argent premier titre, ciselée et dorée, vaut bien plus qu'elle ne coûte. Aussi, à notre première conférence, elle a fait l'admiration de tous mes confrères. Il ne pouvait en être autrement, et tous ont déclaré que l'ouvrier excellait dans son art et que son œuvre était parfaite. Nous avons vu bien des croix processionnelles, plus riches même, à cause des diamants qui les relevaient, mais nous n'en avons jamais vu qui produise l'effet de celle-ci. Aussi, à l'avenir, l'usine d'Ercuis aura nos commandes.

« J'ai l'honneur, etc.   Bourcier, curé. »

« Soleymieux (Loire).

« Monsieur,

« L'ostensoir est arrivé pendant une absence obligée de plus d'une semaine, ce qui a motivé mon retard à en accuser réception.

« Je suis on ne peut plus satisfait de cet objet; mes fabriciens auxquels mon vicaire l'a montré, quelques confrères qui l'ont vu aussi en sont enthousiasmés; tous, comme moi, le trouvent d'un bon marché extraordinaire. L'un de ces confrères me disait que cet ostensoir faisait plus d'effet qu'un de 600 francs dont son église est en possession.

« CHAMPIER, curé. »

« Monsieur le Directeur,

« Je n'ai pas voulu vous accuser réception avant d'avoir l'avis de personnes qui s'y connaissent.

« Aujourd'hui je puis vous dire que je suis enchanté de l'ostensoir que vous m'avez envoyé, il a dépassé mon attente et de plus je ne le trouve pas cher.

« Je vous remercie bien sincèrement. »

HÉDOUÉ, curé à Poulangy (Haute-Marne).

« Armentières (Nord),

« J'ai l'honneur de vous accuser réception des couverts que vous m'annonciez par votre lettre du 3 septembre : je suis parfaitement content de cet envoi. Lorsque je trouverai occasion de recommander votre établissement ce sera avec plaisir que je le ferai encore. B. LARCHER. »

« Bailleul (Nord).

« Avant de solder votre envoi, j'ai voulu m'assurer qu'on est content du calice. — On est très-satisfait et on m'a chargé de remercier l'Administration de l'Usine.

« COULIER, receveur municipal.

« Lansargues.

« Monsieur l'Administrateur,

« J'ai hâte de vous accuser réception de notre magnifique ostensoir doré, avec ange en pied portant la gloire.

« Nous avons pu l'étrenner le jour même de Pâques, et je dois dire qu'il a fait l'admiration de tous ceux qui l'ont vu de près comme de loin.

« C'est que vraiment il est, dans le détail, d'un travail fini et on ne peut plus gracieux de forme dans son ensemble. Les brillants à facettes qui forment couronne autour de la custode sont du plus bel effet; c'est riche, délicat au possible. Nous sommes tous heureux d'une si belle acquisition. Recevez-en nos félicitations bien sincères.

« FOUREZ, curé de Lansargues (Hérault). »

« Les Epesses, par les Herbiers.

« Je viens de recevoir le ciboire que vous avez bien voulu m'adresser. J'en suis très-satisfait.

« Je vais vous envoyer, sous quelques jours, l'ancien ciboire de mon église, auquel vous donnerez une nouvelle dorure et dont vous souderez solidement le pied.

« Bréau, curé. »

———

« Creissels (Aveyron).

« Monsieur l'Administrateur,

« J'ai reçu, il y a quelques jours, le ciboire que vous avez eu l'obligeance de me faire envoyer. Tous les prêtres qui l'ont vu ont été enchantés de la beauté de cet objet et de la modicité du prix. A l'avenir, lorsque nous aurons besoin de vases sacrés, nous nous adresserons toujours à la Société de la Pantographie. L'Usine d'Ercuis est destinée à un brillant avenir. Vous pouvez compter que tous les prêtres de cette contrée vous adresseront désormais leurs commandes.

« Daignez agréer, Monsieur, l'expression de mes sentiments respectueux,   Bonnefous, curé de Creissels. »

———

« La Bohalle (Maine-et-Loire).

« Monsieur,

« J'ai l'honneur de vous accuser réception des ampoules pour les saintes huiles. J'en suis très-satisfait, et je ne m'attendais pas à recevoir quelque chose d'aussi bien. Je suis persuadé que si mes confrères connaissaient la modicité du prix ils ne s'adresseraient jamais qu'à la Pantographie pour se procurer des médailles, des reliquaires, des couverts.... dont le métal ne le cède en rien à l'argent pour la beauté et la propreté.

« Veuillez, Monsieur, agréer le profond respect et la vraie reconnaissance de votre très-humble serviteur

A. Simoine, curé de La Bohalle. »

———

« Saint-Paul.

« Monsieur l'Administrateur,

« Je m'empresse de vous accuser réception de l'envoi de ma montre et de votre honorée lettre que j'ai reçue hier.

« Je vous remercie de l'empressement avec lequel vous avez hâté le travail de mon bijou. J'en suis très-satisfait. J'aime à croire que la solidité répondra à la beauté.

« Le travail est parfait. Mille fois merci.

« Mes cuillères sont fort belles aussi et font l'admiration des personnes qui les voient.

« Je suis contente de ces deux produits de l'Usine; il est probable qu'en juin je ferai une autre commande.

« Clotilde Berline. »

———

« Biencourt, par Moutiers-sur-Saulx.

« J'ai reçu et admiré votre ouvrage. Je vous félicite de tout cœur de cette merveilleuse invention et de la manière dont vous savez vous en servir. Si la dorure est aussi solide qu'elle est belle, je me ferai un bonheur de vous demander plus tard quelques-uns de vos magnifiques produits.

« E. Noisette, curé. »

« Réhou, près Longwy (Moselle).
« Monsieur le Directeur,
« J'ai l'honneur de vous accuser réception du magnifique envoi de votre Etablissement d'Ercuis, lequel m'est arrivé aujourd'hui 25 courant. Je suis bien agréablement surpris à la vue des beaux et nombreux objets que vous m'avez envoyés pour la modique somme de 9 fr. 55. — Ce n'est qu'un commencement, j'espère bien avoir avec vous désormais des relations plus sérieuses.

« J'ai l'honneur d'être, etc.,   Guérin, curé. »

« Je vous suis bien reconnaissante des objets que je viens de recevoir ; ils sont très-beaux et parfaitement argentés. Dès que j'en aurai l'occasion, je ne manquerai pas de recommander partout l'usine d'Ercuis, qui jouit, à juste titre, de son excellente réputation.

« Sœur Marie de la Croix, religieuse du Très-Saint-Sacrement. »

« Saint-Paul.
« Monsieur,
« Pardonnez-moi si je suis restée aussi longtemps avant de vous accuser réception de l'envoi d'Ercuis.
« Je viens aujourd'hui vous remercier de la bonté que vous avez eue de me faire cette commande. J'en suis enchantée. Elles sont belles et d'un goût exquis. Veuillez être mon interprète auprès de ces Messieurs de l'Usine, et de leur dire combien je suis contente des produits de l'Usine.

« Veuillez agréer, etc.,   Clotilde Berlire. »

« Monsieur,
« J'ai reçu le calice que vous avez eu la bonté de commander pour moi à l'usine de la Pantographie, et je viens vous en faire mon compliment. Tous les confrères qui l'ont vu sont étonnés que l'on puisse faire si bien et à aussi bon marché.

« Votre très-humble serviteur,

« Rossignol,

« Curé de Lacapelle, par Puicelcy (Tarn). »

« Rouvre,

« Monsieur,

« J'aurais été heureux de me trouver à Ercuis le jour indiqué, afin d'avoir l'honneur de vous voir et le plaisir d'admirer les belles productions de l'usine à laquelle vous vous intéressez tant. Je suis bien satisfait que vous ayez pu faire restaurer la vieille lampe de mon église ; honneur aux artistes d'Ercuis ! Cette lampe ne valait pas 3 francs quand ils l'ont reçue, et, aujourd'hui, elle en vaut bien 100. En me la renvoyant, on m'a écrit qu'on l'avait mise à neuf ; c'est bien la vérité, car tous ses nombreux défauts ont disparu tellement qu'on ne peut pas dire qu'elle ait servi : elle paraît toute neuve. Mille remerciements à vous, Monsieur, et mes félicitations aux très-habiles ouvriers de l'usine d'Ercuis, qui font de si belles choses à si bon marché.

« En attendant que des circonstances meilleures me permettent de faire d'autres commandes, etc.,

« LOMBARDEL,

« Curé de Rouvre (Aube), par Bar-sur-Aube. »

———

« Popian.

« Monsieur,

« J'ai été plus que satisfait du dernier envoi de la Pantographie : Réchaud, huilier, porte-carafes et crémier tout en minargent. Tous ceux qui les ont vus, prêtres et laïques, ont admiré ces chefs-d'œuvre qu'ils ont trouvés très-bien.   MARTY,

« Curé de Popian (Hérault).

———

« La Capelle.

« Monsieur l'Administrateur,

« J'ai l'honneur de vous accuser réception de la petite caisse contenant un calice et ma petite croix.

« Le calice est très-beau et la petite croix bien réparée. Tous mes paroissiens sont émerveillés de votre beau travail, et moi-même je suis tout heureux de pouvoir vous dire que la *Pantographie* est une œuvre vraiment remarquable et d'un grand avenir.

« Recevez, Monsieur l'administrateur, mes sincères salutations.   AGNIOL. »

———

« Lexy (Meurthe-et-Moselle).

« Monsieur l'Administrateur,

« Hier j'ai reçu votre colis renfermant vos belles et magnifiques burettes dorées et émaillées, et autres objets.

« Ces burettes et votre beau calice forment actuellement la plus gracieuse chapelle que tout le monde admire à juste titre.

« Agréez, je vous prie, Monsieur l'Administrateur, l'assurance de mon profond respect,

« Barthélemy, curé. »

———

« Monteil-au-Vicomte (Creuse).

« Monsieur l'Administrateur,

« J'ai l'honneur de vous accuser réception de votre envoi.

« Je suis très-satisfait des deux objets que vous m'avez envoyés. La lampe lustre a été trouvée magnifique par tout le monde.

« Je ne doute pas un instant que mes honorables confrères, une fois votre maison connue d'eux, ne s'adressent à elle de préférence à d'autres. Ils y gagneront doublement sous le rapport du goût et de l'économie.

« Daignez agréer, etc.   Joullot, curé. »

———

« Saint-Pierre-Duchamp, par Vosay (Haute-Loire),

« Monsieur l'Administrateur,

« Merci, mille fois merci pour le bel ostensoir ange que je viens de recevoir; il ne laisse rien à désirer pour sa forme si gracieuse et si élégante. Non-seulement mes paroissiens et plus de vingt confrères, mais même des marchands de vases sacrés qui l'ont vu, sont unanimes à louer ce beau travail, vu la modicité du prix. Continuez, Monsieur l'Administrateur, à contenter ainsi vos clients, et bientôt la Pantographie aura enrichi toutes les églises, même les plus pauvres, de ses merveilleux produits.

« Le goupillon, la coquille pour baptême et vos médailles de Notre-Dame-de-Lourdes, m'ont aussi pleinement satisfait.

« Avec mes sentiments, veuillez aussi, Monsieur l'Administrateur, recevoir les respectueuses salutations de votre très-humble serviteur,

« Bonnefoi, curé. »

———

« Niederhergheim, par Colmar.

« Monseigneur,

« Si j'ai tardé longtemps à vous faire connaître mon appréciation au sujet de l'ostensoir, de la lampe à six lumières et du ciboire tout argent, orné de pierreries, que l'usine d'Ercuis m'a envoyés, c'est que je tenais à connaître l'opinion et des honorables confrères, mes voisins, et de quelques hommes de l'art. Eh bien, Monseigneur, j'ai la douce satisfaction de vous dire que les uns et les autres ont été unanimes dans leur appréciation et on ne peut plus contents des articles en question. Tous, sans exception, ont admiré l'élégance de la forme, le brillant de la dorure, le fini de l'exécution et le bon goût de l'ensemble. Une maison qui fournit des articles pareils, et à ce prix, n'a besoin que d'être connue pour s'attirer des clients.

« Il ne me reste donc qu'à vous faire, Monseigneur, des remercîments pour votre recommandation qui m'autorisait à m'attendre à beaucoup, mais j'avoue que mon attente a été surpassée.

« ULRICH, curé. »

« Carcassonne.

« Monsieur l'Administrateur,

« Je viens vous accuser réception de l'ostensoir que vous avez vermeillé.

« Nous avons été très-satisfait de ce travail, il est irréprochable. Je suis bien convaincu que cet ouvrage vous en procurera d'autre.

« P.-H. Bize, ch. h ,
aumônier de l'Hôtel-Dieu.»

« Notre-Dame-de-Montmélian, par la Chapelle-
en-Serval (Oise).

« Monseigneur,

« J'ai reçu mes médailles dorées et mes couverts argentés, etc., et je suis content du travail. Ce travail et les prix seront un motif pour moi de faire connaître l'Usine d'Ercuis.

« Maillard. »

« Han-les-Juvigny (Meuse).

« Monsieur,

« J'ai été très-content, ainsi que ces Messieurs du Conseil de fabrique, du ciboire que vous m'avez envoyé dernièrement.

« Voici aujourd'hui une autre affaire que je viens vous proposer, etc.

« Gaucher, curé de Han.»

———

« Labastide-Saint-Sernin.

« Monsieur l'Administrateur,

« Les jolies médailles que vous avez eu l'attention de m'expédier par la grande vitesse sont arrivées à temps et à bon port.

« Il va sans dire que je suis très-satisfait de votre envoi.

« Je vous en présente le montant et vous prie d'agréer, avec tous mes remercîments, l'hommage du respect de votre tout humble et dévoué serviteur,

« Faure, curé. »

———

« Lalonquette (Basses-Pyrénées).

« Monsieur,

« J'ai reçu le calice et l'ostensoir que vous avez bien voulu me faire expédier; j'en suis tout à fait satisfait. Les prêtres qui les ont vus le jour de notre Adoration ont été, comme moi, remplis d'admiration. Ils m'ont demandé si chacun de ces vases sacrés me coûtait 600 francs. Quelle a été leur surprise quand je leur ai dit que le prix des deux ensemble n'allait pas à cette somme. Ils se sont bien promis de s'adresser à la Pantographie pour les besoins de leurs églises. Domengine, curé. »

———

« Vindefontaine (Manche).

« Monsieur,

« Je viens de recevoir le ciboire que la Pantographie m'a adressé. J'en suis très-content. J'aime bien aussi la clochette en minargent argenté; mais ce qui m'a le plus frappé, c'est la boîte aux saintes huiles : c'est une fort jolie imagination.

« Godefroy, curé. »

———

« Tours (Indre-et-Loir).

« Monsieur l'Administrateur,

« Le 16 courant j'ai reçu en parfait état l'envoi que vous avez bien voulu m'adresser.

« Le calice et les deux petites croix émaillées ne laissent rien à désirer, une chose m'a cependant étonné, c'est la modicité de la facture réclamée.

« Ce matin, 17, je reçois cette facture et votre bonne lettre, et je m'empresse de vous adresser, avec ma bien vive reconnaissance, un mandat de 28 fr. sur la poste.

« Veuillez m'en accuser réception.

« Recevez, Monsieur, l'assurance de tout mon respect, « TOURNIER. »

« N.... (Puy-de-Dôme).

« Monsieur le Directeur,

« J'ai lu attentivement vos imprimés relatifs à la Société de la *Pantographie*, ainsi que les articles que vous publiez dans le *Rosier de Marie*.

« Quoique simple laïque, j'ai compris la grandeur de cette entreprise, et je désire vous apporter mon faible concours en prenant quatre actions dans la *Société Pantographique*. Ce sera bien peu de chose, mais je serai heureux d'avoir apporté ma pierre à l'édification de votre œuvre. Si plus tard il en est encore temps, je pourrai peut-être vous envoyer une nouvelle souscription. Pour le moment, je mets à votre disposition 1,800 fr., montant de mes quatre actions de ce jour, veuillez, je vous prie, les faire prendre au plus tôt à mon domicile.

« C'est sans crainte que je vous confie mes modestes ressources, car je suis persuadé que votre *Pantographie* ne peut manquer de prospérer, puisqu'elle a à sa tête des hommes religieux, ayant des principes d'ordre qui manquent malheureusement aujourd'hui dans presque toutes les sociétés. Le jugement rendu par les hommes éminents qui ont visité votre Usine, dissiperait mes doutes, si j'en avais jamais eu.

« J'ai l'honneur d'être, avec un profond respect, Monsieur, votre très-humble serviteur,

« P. D. N. »

— 34 —

« La Chapelle-Rambaud (Haute-Savoie).
« Monsieur l'Administrateur,
J'ai reçu, le 20 avril dernier, la caisse contenant le ciboire et les couverts, le tout en bon état. Je suis parfaitement content.
« Le ciboire surtout me satisfait complétement et pour le travail et pour le prix. Tous mes confrères partagent mes sentiments.   Morand, curé. »

———

« Cavilhargues, par Bagnols (Gard).
« Monsieur le Directeur,
« Je m'attendais à un bel ouvrage sorti de la Pantographie; mon attente n'a pas été trompée, je dis plus, elle a été dépassée : je vous en remercie.
« Recevez mes salutations respectueuses,
          « Gébelin, curé. »

———

« Lyon.

« Monsieur,
« J'ai l'honneur de vous accuser réception de mon calice; il m'est parvenu samedi, 28 courant, et votre honorée du 27, hier seulement.
« Je suis très-satisfait du travail que vous m'avez exécuté; on ne pouvait nullement rien faire de mieux, vu la forme disgracieuse de la coupe. Je vous fais mes sincères compliments.
          « Delaroche,
« Maison des Missionnaires diocésains, aux Chartreux, à Lyon. »

———

« Moulès-en-Crau-d'Arles.
« Monsieur le Directeur,
« J'attendais depuis longtemps la lettre du Père Prémontré à qui était destiné le calice que vous m'avez adressé. Enfin, la voici. Aujourd'hui je vais vous faire part de son contenu. On vient de me remettre l'objet en question. Il est fort beau, et tous ceux qui l'ont vu ont été satisfaits du travail. Inutile d'ajouter que j'en ai été moi-même très-heureux. Bref, vous pouvez témoigner à l'établissement mon entière satisfaction.
« Veuillez agréer, Monsieur, mes profondes et respectueuses salutations.   « Jacquin. »

———

« Cosnes (Nièvre).

« Monsieur,

« J'ai reçu vos deux chapelets; ils sont très-beaux; j'en suis enchanté et je vous envoie ci-joint un mandat de 8 fr. 30 par la poste.

« En attendant de nouvelles commandes, je suis votre tout dévoué,　　　« Charue, curé. »

« Beuzeville-la-Grenier (Seine-Inférieure).

« Monsieur l'Administrateur,

« J'ai reçu, hier lundi soir seulement, le bénitier que je vous avais envoyé dans un bien triste état. Je le trouve maintenant tout neuf, et je m'empresse de vous dire que je suis tellement satisfait, non-seulement de la restauration, mais aussi de la réargenture, que je me propose de vous envoyer des travaux plus importants.

« Votre très-humble serviteur,

« T. Gallouin, curé. »

« Toules-Cernay.

« Monsieur l'Administrateur,

« J'ai reçu la petite caisse renfermant tous les couverts que j'avais demandés.

« Je suis satisfait de l'envoi sous tous les rapports, et vous en offre mes remerciements.

« J'ai l'honneur d'être, Monsieur, votre très-humble et tout dévoué serviteur,　　« A. Guy,

prêtre et curé. »

« Saint-Sauveur, par Saillans.

« Monsieur,

« J'ai reçu hier seulement, 20 courant, de l'usine d'Ercuis, un magnifique ostensoir.

« Je suis émerveillé de l'excellent choix que vous avez eu la bonté de faire pour mon église.

« Cet ostensoir a 62 centimètres de hauteur, le tout est très-bien assorti, mes paroissiens sont aux anges en le voyant; aussi je ne puis que vous être très-reconnaissant. Merci donc de toutes les peines que je vous ai données.

« J'ai l'honneur, etc.,　　　Roubaud, curé. »

« Saint-Samson-de-la-Roque.

« Monsieur,

« Je vous envoie ci-joint la somme de 33 francs pour solder la restauration *magnifique* des deux croix de mon église. Tout le monde les admire. Je vous enverrai, cette année, les chandeliers d'autel pour que vous les transformiez aussi.

« Veuillez agréer, etc.,   A. SATIS, curé. »

———

« Saint-Christophe-la-Grotte, par les Echelles.

« Monsieur,

« J'ai reçu, le 13 avril courant, un calice que j'avais envoyé à l'usine pantographique d'Ercuis pour le faire redorer.

« J'ai reçu en même temps, pour M. Pellet, curé de Saint-Christophe-entre-deux-Guiers (Isère), un calice, style gothique, en argent doré, et émaillé.

« La réparation et la dorure ont été faites à mon calice avec tant de soin et d'élégance, qu'on ne peut rien désirer de mieux.

« Le calice de M. le curé de Saint-Christophe est remarquable par sa solidité, par sa forme, par l'éclat de sa dorure et par la richesse de son ornementation.

« Mon voisin et moi, et toutes les personnes compétentes qui l'ont vu, en ont admiré la vraie beauté.

« J'affirme que tous ceux qui connaîtront la perfection du travail de l'usine pantographique d'Ercuis et la modération relative de ses prix, ne feront pas ailleurs leurs commandes.

« Veuillez agréer, etc.,

« P.-M. THIÉVENAZ, curé de la Grotte, chanoine honor. d'Orléans. »

———

« Bailleul-le-Soc.

« Monsieur,
« J'ai reçu mon calice, que vous avez doré ; je le trouve bien et suis content.

« J'ai l'honneur d'être, Monsieur, votre très-humble serviteur,   « DÉNOYELLE. »

———

« Moyenneville (Oise).

« Monsieur le Directeur,

« J'ai l'honneur de vous accuser réception des objets dont vous m'annonciez l'envoi par votre lettre du 13 courant.

« Je suis très-content de la beauté du travail et de la modicité du prix.

« Mes paroissiens ont été ravis à l'apparition de toutes ces merveilles.

« La Pantographie ouvre une ère nouvelle pour les églises des campagnes.

« J'ai l'honneur d'être, etc.

« V. Tatin, curé. »

« Huez, par Bourg-d'Oisans (Isère).

« Monsieur l'Administrateur,

« Je viens de recevoir ma commande : deux girandoles et dix chandeliers avec la croix.

« Je suis enchanté, tout est réellement magnifique et d'un prix inférieur, tout est bien, très-bien ; c'est mon avis et celui, sans exception, de tous ceux qui ont vu ladite commande.

« Je trouve maintenant naturel pour la jalousie de vous poursuivre, et je ne m'étonne plus du grand nombre de commandes qui vous pressent. Encore un peu de temps et, j'en suis sûr, vos admirables procédés et la confiance que vous méritez attireront tout à vous.

« Veuillez agréer, etc.   Th. Baffert, curé. »

« Grignan.

« Monsieur,

« Vous faites vraiment des choses magnifiques, et on ne peut que souhaiter que les produits de votre usine soient connus partout.

« Quand je vous adressais ma première demande je pensais bien que vous me serviriez à mon entière satisfaction, mais, pardonnez à ma franchise, je ne m'attendais pas à avoir tant à admirer.

« Les étrennes sont là et je voudrais que chacun frappât à votre porte dans cette circonstance, bien assurée que tous ceux qui donneraient comme ceux qui recevraient seraient heureux de leurs cadeaux.

« Recevez,   Anaïs Gauthier,

« Receveuse des postes à Grignan (Drôme).

4

« Soleymieux (Loire).

« Monsieur l'Administrateur,

« J'ai reçu, le jeudi saint, votre envoi sans la moindre avarie, ma paroisse a été émerveillée, le jour de Pâques, de l'exhibition des objets neufs et réparés. On ne pouvait croire, notamment, que les chandeliers fussent les mêmes que ceux que je vous avais expédiés. Le calice redoré en entier, le ciboire neuf surtout, comme l'ostensoir que je possédais depuis peu, ont fait l'admiration de tous ceux qui les ont vus depuis. Mardi prochain, 22 courant, jour de la distribution des saintes huiles, et le 6 mai, jour de confirmation dans ma paroisse, Monseigneur notre archevêque et de nombreux confrères auront lieu, j'en ai la confiance, d'en être satisfaits et par suite, de vous être utiles et favorables.

« Tout à vous,   CHAMPIER, curé.»

———

Monsieur,

Je suis satisfait du calice que vous m'avez vendu. Je n'en ai point encore vu d'aussi beau pour ce prix. Je trouve la dorure de mon calice très-belle et faisant un bel effet.

J'ai l'honneur de vous saluer,   DENNETIÈRES,
Curé d'Houdain (Nord).

———

Prison de N.

Monsieur,

Je n'ai que des remerciements et des félicitations à vous adresser pour la magnifique transformation que vous avez fait subir au calice et à la patène que je vous avais adressés.

J'ai été on ne peut plus agréablement surprise en admirant son fini et son bon goût.

Monseigneur, qui en a consacré la coupe, et notre digne aumônier l'ont trouvé ravissant et ont bien voulu m'en faire leur compliment. Vous pouvez penser, bon Monsieur, que je n'ai pas tenu secret le nom de votre maison, si recommandable sous tous les rapports.

Daignez agréer l'expression de mes respects et de mes sympathies pour votre établissement.

Sœur H., supérieure.

———

Monsieur l'Administrateur,

Je viens de recevoir les divers objets que je vous avais adressés pour être restaurés. J'en suis très-satisfait. Le ciboire, surtout, n'est pas reconnaissable.

Avec mes sincères remerciements, veuillez agréer, etc.,

Votre très-humble   A. POUVREAU,
          Maire d'Aigrefeuille (Loire-Inférieure).

———

Cussey-sur-Lison.

Monsieur l'Administrateur,

J'ai reçu le ciboire vermeil que je vous avais demandé. Je vous remercie de la promptitude avec laquelle nous avons été servis, et je vous adresse mes félicitations pour la délicatesse du travail qui répond à mon attente.

Agréez, etc.   J. CHEMITGUERRE, curé.

———

Saint-Julien-les-Martigues.

Monsieur le Directeur,

Je me fais un véritable devoir de vous exprimer la satisfaction que les membres de notre fabrique paroissiale et moi avons éprouvé à la vue de la perfection avec laquelle vous avez réparé ce que nous vous avions envoyé.

Avec le plus profond respect, etc.,   BOUVET, curé.

———

« Tavernay, par Autun.

« Monsieur le Directeur de l'Usine d'Ercuis.

« J'attendais une occasion pour vous exprimer mon entière satisfaction des différents objets que j'ai reçus. Les chandeliers gothiques, treizième siècle, argentés et émaillés sont très-beaux et d'un goût très-pur; les deux candélabres sont très-jolis, mes chandeliers et autres objets que vous avez réargentés sont très-brillants; ce travail paraît devoir être très-solide. Le calice et l'ostensoir que je vous ai fait dorer sont très-beaux et très-brillants.

« Recevez, je vous prie, Monsieur le directeur, l'assurance de mes sentiments de parfaite estime et de considération distinguée.   DESVIGNES,

          « Curé de Tavernay. »

———

« Salies-de-Béarn.

« Monsieur,

« Je m'empresse de vous témoigner ma satisfaction de la décoration et de la dorure du ciboire. Je ne m'attendais pas à tant d'élégance jointe à tant de simplicité, si bien en harmonie avec l'ornementation qui existait déjà.

« Recevez tous mes remerciements et mes salutations respectueuses,   DUBOIS. »

———

« Trappe de Staouéli (Algérie),

« Monsieur l'Administrateur,

« J'ai l'honneur de vous adresser dans la présente le prix du superbe calice que j'ai reçu hier, 19 du présent. Ce calice fait ici l'admiration de tout le monde. Un des Pères de la Trappe, autrefois graveur, trouve ce travail parfait; le Père Edmond, à qui j'en ai fait cadeau, est enchanté et se propose bien, quand il en aura l'occasion, de faire de nouvelles commandes à l'usine d'Ercuis, puisqu'elle sert si gracieusement ses clients.

« Agréez, Monsieur l'administrateur, l'expression des sentiments avec lesquels j'ai l'honneur d'être votre très-humble serviteur,   MINOT. »

———

« Rageade, par Mont-Champt (Cantal),

« Monseigneur,

« J'ai le devoir de vous avertir que la chapelle expédiée à mon adresse, par M. l'administrateur d'Ercuis, m'est parvenue sans retard, à l'époque fixée... Des hommes compétents, à qui, par occasion, j'ai soumis les objets qu'elle renferme, en ont jugé la dorure parfaite... Personnellement, je sais le triste état dans lequel je vous envoyai ces objets, et après les avoir trouvés au rebut depuis trente ans, je suis avant tout satisfait de les voir restaurés.

« Ils l'ont été, du reste, en particulier, le nœud et la tige du calice, avec tant de solidité et de bon goût, que je voudrais vous avoir déjà confié de plus importants travaux.

« Je suis avec respect, Monseigneur, votre très-humble et dévoué serviteur,

« PIERRE SOUCHER, desservant. »

———

Monsieur l'Administrateur,

J'ai reçu le cœur que je vous avais demandé, la beauté du travail me dédommage bien de l'attente. Je suis on ne peut plus satisfait...« Qu'il est donc beau ! Il est magnifique, il est vraiment admirable, » s'exclamaient les personnes qui sont venues le voir au sanctuaire de Notre-Dame-du-Chêne, où il a été accueilli avec bonheur et joie... Je tiens, Monsieur, à vous informer de ces choses, c'est une récompense qui vous est due.

Recevez, Monsieur l'administrateur, l'expression de mes sentiments les plus distingués.

Votre serviteur dévoué,   TRAVAILLOT,
Curé de Reugney (Doubs).

———

« Nogaro (Gers).

« Monsieur le Directeur,

« J'ai l'honneur de vous accuser réception de la belle et magnifique lampe que vous m'avez envoyée, je l'ai reçue la semaine dernière, elle a fait l'admiration de toutes les personnes qui l'ont vue; la donatrice et moi avons été émerveillées de la finesse de sa dorure, elle est un véritable bijou.

« Veuillez agréer, Monsieur le directeur, mes bien sincères salutations,   ADÈLE DE MONTANT. »

———

« Saint-Martin (île-de-Ré).

« Monsieur l'Administrateur,

« J'ai l'honneur de vous accuser réception des deux caisses que vous m'avez fait l'honneur de m'expédier.

« Les objets qui sont destinés à mon église ont été restaurés avec un goût tout à fait supérieur. Il était impossible de tirer meilleur parti de ma lampe. Les candélabres Louis XV font un effet merveilleux.

« Recevez donc mes félicitations bien senties.

« Le jour de la Fête-Dieu, nos confrères réunis soit du continent, soit de l'île de Ré, ont été enchantés de voir les produits de la Pantographie.

« Votre maison est assurée de notre clientèle.

« Recevez, etc.,   MANSEAU, doyen. »

« Aubeterre.

« Monseigneur,

« Permettez-moi d'offrir, par votre intermédiaire, mes plus sincères compliments à la Société de la Pantographie pour tous les objets qu'elle m'a fournis et réparés, il y a plus de dix-huit mois.

« Le calice doré et pantographié est magnifique, la dorure, loin de passer par l'usage, ressort avec plus d'éclat ; c'est un travail fait avec conscience. Je dois en dire autant du ciboire, de la croix d'exposition et des burettes et de leur plateau. Merci, mille fois, de m'avoir mis en rapport avec un établissement qui fait si bien tout ce qu'il promet.

« Daignez agréer,   JULES MOREAU,
            « Curé d'Aubeterre (Charente).

« Courban, par Montigny-sur-Aube (Côte-d'Or).

« Monsieur l'Administrateur,

« Mes occupations m'ont empêché jusqu'à ce jour de vous accuser réception de votre envoi. Le tout m'est arrivé bien à temps et en parfait état. Je me suis empressé d'en faire les honneurs ; confrères et laïques que j'avais réunis au presbytère m'en ont fait compliment. Les uns et les autres m'ont dit avoir déjà vu bien des réchauds, mais qu'aucun n'approchait du travail des vôtres, qu'ils surpassaient en richesse, en solidité et en délicatesse.

« Je suis très-heureux de vous témoigner de nouveau, etc.,   « FRANÇOIS POVRENT, curé. »

« Marly (Aisne).

« Monsieur,

« J'ai reçu il y a huit jours l'ostensoir que vous m'avez expédié, j'en suis pleinement satisfait. Tous ceux qui le voient le trouvent très-beau. Quelques demandes, je crois, vous seront adressées à son occasion.

« Déjà un de mes confrères voisins se propose de vous envoyer l'ostensoir de son église pour être redoré.

« Veuillez agréer, etc.   ROYER. »

« Monsieur l'Administrateur,

« Il y a une huitaine de jours que j'ai reçu notre lampe. Je suis heureuse de vous dire que je suis parfaitement satisfaite de ce travail, et aussitôt que mes petits moyens me le permettront, je ferai faire la même réparation à nos chandeliers. En attendant recevez, Monsieur, nos remercîments, et pour le soin du travail et pour l'empressement avec lequel nous avons été servies.

Daignez, Monsieur l'Administrateur, agréer l'assurance de mon profond respect.   « Sœur H. »

———

« Le Croq, par Breteuil (Oise).

« Monsieur,

« J'ai reçu l'ostensoir que vous avez bien voulu choisir vous-même et me le faire expédier; je le trouve très-beau, et j'ai été heureux de faire connaître à mes confrères cette nouvelle acquisition sortie de vos magnifiques ateliers.

« Daignez agréer, etc.   Hugues. »

———

« Fontrabiouse, par Fourmignères
(Pyrénées-Orientales).

« Monsieur,

« J'ai reçu le ciboire qui m'a été expédié d'Erenis au prix de 139 fr. 25. L'impression qu'a produit sur moi la première vue de cet objet a été favorable, il me paraît que pour le prix on ne peut donner mieux, ni pour le fond, ni pour la forme. C'est pour moi un encouragement à vous réserver toutes les commandes de ma petite église.   « Boucabeille, curé. »

———

« Vionnant, par l'Isle-d'Albi (Tarn),

« Monsieur,

« J'ai reçu le calice que vous avez bien voulu me faire envoyer, j'en suis très-content. Je ne m'attendais pas qu'il fût si beau, recevez-en mes remercîments les plus cordiaux, je suis enchanté de son acquisition.

« Recevez, Monseigneur, l'expression de mes sentiments de reconnaissance et de mon dévoûment à votre œuvre, car elle est bien à vous par la protection dont vous l'honorez,   Turroques, curé. »

———

— 44 —

« Wiseppe.

« Monsieur,

« J'ai reçu la caisse impatiemment attendue depuis un mois. Les chandeliers, bénitiers et encensoirs sont vraiment tranformés : *on dirait de l'or massif*; telle est l'appréciation de tous ceux qui les voient. J'en suis d'autant plus satisfait que je suis par l'usage journalier d'un calice doré et pantographié depuis quatre ans, que la dorure sortie de l'usine est aussi solide que brillante.

« Recevez donc, avec mes remercîments, l'assurance des sentiments de gratitude avec lesquels j'ai l'honneur d'être, Monseigneur, votre très-humble et respectueux confrère,   H. PELLETIER,

« curé de Wiseppe, par Stenay (Meuse).»

———

« Wissant (Pas-de-Calais).

« Monsieur l'Administrateur,

« Je dois vous dire que l'on a été très-content du calice; on a trouvé le travail bien fait et à bon compte. La réparation des deux encensoirs, du plateau à burettes, ne laisse, non plus, rien à désirer; seulement on a trouvé, en général, que tout ce qui a été réargenté ne coûte pas meilleur marché qu'ailleurs, mais le temps prouvera que la qualité en est meilleure. C'est mon espérance.

« Veuillez recevoir l'assurance du respect très-profond avec lequel j'ai bien l'honneur d'être, monsieur l'Administrateur, votre très-humble serviteur,

« VASSAL »

Nota. Nous prions notre honorable client de se reporter au numéro du *Rosier de Marie* du 1er mars, à l'article *Réparations*, il y trouvera la réponse à cette objection : Que l'argent étant au même prix pour nous que pour tout le monde, nous ne pouvons le donner à meilleur marché, seulement nous répondons de la durée et de la perfection de la main-d'œuvre.

Par contre,

Nous sommes heureux d'avoir son affirmation que, pour la restauration du calice, on a *trouvé le travail bien fait et à bon compte.*

« Le Cheylard (Ardèche).

« Monsieur,

« J'ai été ravi de la beauté de l'échantillon que, sur ma demande, vous m'avez adressé. Cette croix émaillée, dite *Chambord*, est magnifique comme goût et finesse d'exécution. Vous tenez ce que tant d'autres, malheureusement, se contentent de promettre. Je me ferai un plaisir et un devoir de faire admirer ce produit de vos ateliers.

« Veuillez agréer, etc.,   BERGERON. »

« Criteuil.

« Monsieur,

« J'ai reçu mon ostensoir : il n'a pas tardé à m'être retourné. Je ne croyais même pas le recevoir aussi vite ; je vous remercie et vous demande mille pardons de l'embarras que je vous ai donné ; c'est la confiance que j'ai en vous qui m'a fait agir ainsi.

« Je suis très-satisfait de cette réparation. Je l'ai montré à quelques-uns de mes confrères qui l'ont trouvé magnifique pour sa qualité.

« Un d'eux m'a promis qu'il ne sera pas longtemps avant de vous envoyer quelque chose à réparer ; nous sommes aussi fort contents du prix que je vous adresse par la poste, 18 francs.

« Merci, merci de votre réparation.

« Agréez, etc.,   FROUGET, curé de Criteuil. »

« Algérie, Bugeaud, près Bone.

« Monsieur le Directeur,

« J'ai reçu il y a quelques jours l'ostensoir, quatorzième siècle, argent vermeil, dont vous m'avez annoncé l'envoi par votre lettre du 8 courant.

« Depuis longtemps je désirais me procurer cet objet, qui complète l'ornementation de mon église aux jours de fêtes.

« En égard au prix je suis très-satisfait de votre envoi. J'espère que si les temps s'améliorent je reviendrai frapper à la porte de votre Usine et demander d'autres objets, dont je pense faire acquisition.   « G. Schmitt, curé de Bugeaud. »

« Reugney.

« Monsieur le Directeur,

« Je tiens, Monsieur, à vous exprimer ma vive satisfaction ; vos croix émaillées sont d'un goût exquis,
les petites statuettes de l'Immaculée-Conception sur
leur socle d'albâtre sont vraiment charmantes et
plaisent tout d'abord, la petite chapelle est d'un effet
merveilleux ; le chapelet ne laisse rien à désirer.....
J'ose espérer que mon bon voisin Monsieur le curé
de Chantrans sera ravi quand il aura la lampe que
je vous ai demandée pour lui : soyez assez bon pour
en presser l'envoi.

« J'ai bien l'honneur d'être, Monsieur, avec le plus
profond respect, votre très-humble,

« C. TRAVAILLOT, curé. »

———

« Cambo, Basses-Pyrénées.

« Monsieur l'Administrateur,

« J'ai reçu les deux lustres que vous avez eu la
bonté de nous envoyer, et je viens vous dire que
nous en sommes très-satisfait. Ces lustres, au dire
de tous ceux qui les ont vus et examinés, sont fort
bien conditionnés, et font un bel effet. La solidité et
l'élégance, la beauté et la richesse s'y trouvent
réunies, et forment comme un seul faisceau tout
brillant d'or et de lumière. Aussi, à la vue des produits si remarquables qui sortent de votre établissement, on peut, je crois, avancer sans témérité que
tout ce qu'on dit des merveilles de la Pantographie
est au-dessous de la réalité.

« Veuillez agréer, etc.

« Halty, curé de Cambo. »

———

« Pouan, par Arcis-sur-Aube.

« Monsieur,

« Mon père a reçu, il y a quelques jours, le service
de table en minargent que je vous avais demandé et
que vous avez eu la bonté de me faire expédier par
la Pantographie ; il me charge de vous en remercier
et de vous exprimer sa satisfaction.

« Plusieurs personnes ont admiré ces objets et
croyaient que c'était du véritable argent ; aussi je
pense que d'ici à peu la Pantographie recevra leur
commande.   « MARIA GAMICHON. »

———

— 47 —

« Maison d'éducation des Sœurs de Nevers.
    « Monsieur le Directeur,
« Je suis en retard pour vous accuser réception de votre envoi.
    « Nous avons été agréablement surprises en appréciant votre travail. Notre ostensoir si laid a été métamorphosé dans votre usine.
    « Veuillez, Monsieur le Directeur, agréer tous mes remerciements et recevoir sous ce pli de lettre le montant de votre facture.
    « Je suis avec considération, Monsieur, votre dévouée,
                                            « Sœur N. »

        « Vraiville (Eure), le 19 avril 1873.
    « Monsieur,
« Je suis très-content de la réparation de ma lampe, aussi je vais tâcher de faire des économies afin de bientôt vous redemander quelque chose de votre usine comme témoignage de ma satisfaction.
    « Recevez, etc.,   F. Lenoble, curé. »

        « Espéroux, près Lacapelle-Marival (Lot).
    « Monsieur l'Administrateur,
« J'ai reçu les divers objets commandés et réparés; je suis parfaitement satisfait et des uns et des autres. Je m'attendais à quelque chose, mais pas à aussi bien.
    « Veuillez agréer, etc.,   Issoulié, curé. »

        « Maréville (Meurthe).
    « Monsieur,
« Je vous envoie 35 fr. pour la restauration du calice que vous m'avez si parfaitement redoré. C'est magnifique, parfait, mes confrères l'ont trouvé de même.
                                    « Barbier,
                        aumônier de Maréville. »

        « Ciry-le-Noble (Saône-et-Loire).
    « Monsieur,
« J'ai reçu les médailles; elles sont magnifiques. Vos croix d'école ont été admirées par tout le monde.   Charlet. »

« Courban, par Montigny-sur-Aube (Côte-d'Or).

« Monsieur l'Administrateur,

« Je suis bien en retard pour vous accuser réception des couteaux de table que je vous avais prié de me faire expédier.

« Couteaux à découper, le tout m'est parvenu en bon état. Je viens donc vous en exprimer ma satisfaction et vous dire que mes confrères qui les ont vus les trouvent aussi bien que moi, d'un travail solide, très-fin, très-riche, parfait enfin; recevez en tous mes remercîments.

« J'ai l'honneur d'être, etc.,   François PARENT.»

———

« Marseille.

« Monsieur,

« Hier, j'ai reçu les 12 couverts de table que vous avez eu l'extrême bonté de m'envoyer, je les trouve très-beaux et même magnifiques, et pour la forme et pour le fond, et ressemblent parfaitement aux plus riches et aux plus élégants couverts d'argent que l'on trouve dans le commerce.

« Les quelques personnes amies à qui j'ai eu le plaisir de les montrer, sont de mon avis.

« Monsieur, votre très-reconnaissant serviteur,

« J. BOUVIER, archiprêtre en retraite. »

———

« Cheminon (Marne).

« Monseigneur,

« Le triomphe de la Pantographie nous cause une joie bien douce, et que partage l'univers chrétien. Ce succès inouï étonne les penseurs sérieux, et les bons ouvriers qui trouvent une si large place dans votre cœur si dévoué et si généreux, reconnaissent que si le talent donne droit à l'estime, c'est la vertu qui produit l'affection. Jouissez, Monseigneur, de cette double gloire qui honore Ercuis! Toutes les fibres de votre cœur doivent battre à l'unisson avec celles de votre Souveraine protectrice, quand Votre Grandeur songe aux obstacles qui s'opposaient à un si merveilleux succès. Nous aussi nous recueillons, à tous les degrés de la hiérarchie sacerdotale, les bienfaits de tant d'œuvres qui confondent nos pensées et notre admiration continuelles.

« Veuillez agréer, etc.   « DESFONTAINES. »

———

« Hellimer.

« Monsieur l'Administrateur,

« Je suis très-satisfait des objets que je vous ai envoyés en réparation; le calice et l'ostensoir sont véritablement beaux : c'est un travail bien soigné et dans des prix modérés.

« Leur simple vue vous a procuré un nouveau client; le curé de Haute-Vigneulle vous envoie un calice à réparer, à orner et à dorer. *Voir vaut mieux que toute réclame; indiquez donc, dans le* Rosier de Marie, *qu'à Hellimer on peut juger vos œuvres et vos prix.*

« En vous envoyant mon ostensoir, je vous disais : « Je veux y mettre 400 francs, mais pas beau-« coup plus. » J'étais loin de m'attendre que le travail demandé ne coûterait que 219 francs!

« En voyant le résultat de votre facture, j'en suis resté étonné. J'aime à le proclamer et à vous prier de recevoir mes sincères remerciements.

« Agréez, Monsieur, mes salutations respectueuses et dévouées.   BELNER,

« Curé d'Hellimer (Alsace-Lorraine). »

―――

« Puy-Saint-Pierre.

« Monsieur l'Administrateur,

« J'ai l'honneur de vous accuser réception de mon calice. Je suis un peu en retard pour vous en informer, mais j'ai voulu, à dessein, attendre quelques jours de plus, pour vous exprimer le résultat des observations que pourrait soulever cette dépense. Chacun a admiré cette belle dorure qui en fait le plus beau calice de la paroisse.

« Je suis également satisfait des médailles, belles, solides, elles répondent à ce que vous promettez. Les croix émaillées sont aussi d'un très-bon goût.

« Je suis donc très-satisfait, mais ce n'est que le commencement des relations que j'espère entretenir pour longtemps.

« Agréez, monsieur l'Administrateur, l'expression de ma satisfaction entière, et de mon dévouement parfait à votre Société.   l'abbé A. FAURE.»

―――

« Salviac (Lot).

« Monsieur le Directeur,

« J'ai reçu depuis longtemps l'orfévrerie de table que vous avez eu l'obligeance de m'adresser sur demande. J'aurai dû sans nul doute vous aviser plus tôt de la réception de cet envoi, mais pardonnez-moi ce retard. En vous écrivant je tenais à vous faire part de l'appréciation de mes confrères et amis sur le travail de votre œuvre. Cette appréciation est maintenant recueillie et je n'hésite pas à vous la transmettre telle quelle, c'est-a-dire, de blanc toute habilée, toute en votre faveur. J'ai montré tous mes objets et tout le monde a vu et admiré; les couverts en minargent surtout ont valu bien des éloges à la Pantographie, ils ont émerveillé de vrais connaisseurs, leur prix a paru en même temps des plus modérés.

« Recevez donc, monsieur le Directeur, mes félicitations les plus sincères et mes remercîments empressés, puisque vous avez à la première fois si bien répondu à ma confiance, je vous donne très-volontiers l'assurance de ne pas me pourvoir ailleurs à l'avenir.   H. Bézies, vicaire. »

« Neuf-Eglise.

« Monseigneur,

« J'ai reçu la grosse de médailles miraculeuses que vous m'avez fait adresser. Je vous remercie de cet envoi : ces médailles ne demandent qu'à être mieux connues pour être mieux appréciées. Elles n'ont qu'un défaut, celui de ressembler un peu trop à l'argent. Les habiles pourront peut-être en abuser et tromper les simples.   « Chamallet, curé. »

« Romorantin.

« Monsieur,

« Recevez avec mes remercîments, mes plus sincères félicitations pour l'admirable transformation que vous avez fait subir au calice que je vous avais adressé.

« J'ai reçu hier cet objet d'art dans d'excellentes conditions.

« Votre très-humble serviteur,

                    « Norgieux, vicaire. »

« La Bohalle.

« Monseigneur,

« J'ai l'honneur de vous accuser réception des deux cœurs ex-voto que j'avais demandés à la Pantographie. Pour un prix si modique nous n'espérions point recevoir des objets aussi beaux. C'est vous dire, Monseigneur, que les personnes qui m'avaient choisi pour leur intermédiaire sont très-satisfaites. SIMOINE, curé de la Bohalle. »

———

« Grèzieux-le-Marché.

« Monsieur,

« J'ai reçu les deux flambeaux, unis balustre, argentés, de 22 centimètres, que votre usine m'a envoyés, j'en suis très-satisfaite.

« Je suis donc, Monsieur, avec une vive reconnaissance et un profond respect, votre très-humble servante, ANTOINETTE VÉRICEL. »

———

« Léxy (Meurthe-et-Moselle).

« Monsieur l'Administrateur,

« J'ai l'honneur et je m'empresse de vous accuser bonne réception, pour les fêtes de Pâques, des objets que vous venez de m'envoyer :

« 1° De l'ostensoir que vous avez si bien restauré et enrichi, et dont nous sommes très-satisfaits ;

« 2° De la chapelle que vous avez fournie, renfermant : le calice gothique, argent doré, émaillé, patène de même, forme gracieuse, facile et du meilleur goût, burettes en cristal garnies et rehaussées en minor doré, plat, sonnette même métal, bien doré. Chaque pièce à part, dans les cases séparées d'un bel écrin.

« Ma paroisse admire, et mes confrères apprécient le fini, le beau qui sort de votre usine. Soyez-en félicité, et que le ciel favorise votre grande œuvre.

« Je vous remercie aussi, pour moi et autres personnes, de vos médailles, croix, chapelets, statuettes, couverts, tout est à souhait.

« Recevez-en les témoignages de notre heureuse satisfaction.

« Agréez, « BARTHELEMY, curé de Léxy. »

———

« Le Revert-des-Brousses, près Banon,
par Forcalquier.

« Monsieur,

« Avis m'en ayant été donné, j'ai fait prendre, il y a trois jours, au bureau de Forcalquier, où ils m'avaient été expédiés, les six chandeliers du maître-autel de ma paroisse, que j'avais adressés à l'usine d'Ercuis. J'étais sûr, par avance, qu'ils seraient réargentés avec tout le soin que je pouvais désirer ; mais je ne m'attendais pas, vu l'état dans lequel ils étaient, à ce qu'ils me fussent rendus aussi beaux et aussi solides qu'ils le sont aujourd'hui. Sans exagération, je puis dire qu'ils valent maintenant autant que s'ils étaient neufs, et je m'applaudis de la pensée que j'ai eue de confier ces réparations à M. l'administrateur de l'usine d'Ercuis.

« En présence d'un travail si bien exécuté, je me fais un agréable devoir, Monsieur, de vous offrir mes plus sincères remercîments, et, si je l'osais, je me permettrais de vous féliciter de ce que vous vous trouvez à la tête d'un établissement que vous encouragez par votre immense zèle, et qui ne peut que prospérer chaque jour davantage pour la gloire de Dieu et dans l'intérêt des paroisses.

« J'ai l'honneur,   André, curé. »

« Mirmande, par Loriol (Drôme).

« Monsieur l'Administrateur,

« Je ne suis plus étonné de l'enthousiasme que provoque partout la Pantographie. A mes yeux, elle concilie deux choses qui semblaient jusqu'ici s'exclure fatalement : l'art et le bon marché.

« Parmi les belles inventions de ce siècle, la Pantographie n'est pas une des moins merveilleuses. Grâce à elle, les suaves créations des Bounard, des Alhon, des Benvenuto Cellini, tous les chefs-d'œuvre du moyen âge, conservés dans nos cathédrales et nos musées, nous pourrons non-seulement les voir mais encore les acquérir. Ou je me trompe fort, Monsieur, ou l'avenir est à la Pantographie.

« Je suis avec un profond respect, Monsieur l'Administrateur, votre serviteur très-humble et dévoué,

        « Thibaud, curé. »

« Saint-Jean-de-Barrou.

« Monsieur l'Administrateur,

« Je suis si satisfait du cœur que vous m'avez envoyé, que je me propose de vous faire, sous peu de jours, une forte commande.

« Vraiment on peut bien dire que, grâce à la Pantographie, l'orfévrerie est arrivée aux dernières limites du bon goût et du bon marché.

« Votre œuvre est appelée à rendre les plus grands services surtout aux églises pauvres.

« Je prierai le bon Dieu afin qu'il daigne la main tenir longtemps.

« Recevez,   GUYOT, curé. »

———

« Mareuil-sur-Belle.

« Monsieur le Directeur,

« Je viens vous prévenir qu'hier au soir, mardi 29 juin, j'ai reçu la caisse marquée P. V., n° 497, contenant le ciboire que vous m'avez annoncé par votre lettre du 26. Je vous adresse, Monsieur le directeur, mille compliments ; j'ai été très-satisfaite et le peu de personnes qui l'ont vu l'ont admiré. J'espère, Monsieur, que cette commande engagera d'autres personnes à s'adresser à vous et moi-même ce ne sera pas la dernière fois.

« Daignez agréer, Monsieur, mes salutations,
« Mademoiselle A. DEREIX. »

———

« Vias (Hérault).

« Monsieur l'Administrateur de l'Usine d'Ercuis,

« Malgré ma bonne volonté, il m'a été impossible de vous accuser réception du gracieux ostensoir que vous avez eu la bonté de nous adresser.

« Mes sentiments pour l'usine d'Ercuis me font espérer que mon silence n'aura pas été mal interprété.

« Je me plais à vous dire que toutes les personnes qui l'ont vu l'ont trouvé de très-bon goût et très-bien, eu égard à la modicité du prix.

« Croyez, Monsieur, qu'il ne dépendra pas de moi que quelque commande, un peu plus importante, ne vous soit adressée.

« CAVIN-SAINT-LAURENT, curé. »

———

« Wiseppe.

« Monsieur l'Administrateur de l'Usine,

« J'ai reçu la caisse par vous expédiée le 4 courant. Je suis enchanté du contenu, et vous prie de recevoir mes remercîments pour la perfection avec laquelle sont soignées les réparations et dorures qui se font à l'usine de la Pantographie. Tout ce que vous touchez devient or, redevient neuf. Aussi gagne-t-on beaucoup à vous expédier tous les vases sacrés, chandeliers et encensoirs, etc., que l'on serait tenté de mettre au rebut.

« Ils reviennent transformés et sont bien souvent supérieurs à ceux que l'on aurait achetés pour les les remplacer. Continuez, et votre Société aura bientôt la pratique de toutes les fabriques sagement administrées.

« J'ai l'honneur d'être, H. PELLETIER,
« curé de Wiseppe. »

———

« Saint-Martin-les-Seyne (Basses-Alpes),
« Monsieur,

« Je n'ai reçu qu'aujourd'hui votre garniture de chandeliers pour mon maître-autel.

« Elle ne laisse rien à désirer pour l'élégance, le fini du travail et surtout la solidité. J'avais reçu les souches il y a quelques jours.

« Veuillez agréer, Monsieur, l'expression de ma reconnaissance et de mon dévoûment,

« E. DAVIN, curé. »

———

« Château de Céleyran, par Coursan (Aude).
« Monsieur,

« J'ai bien reçu votre envoi dont nous sommes tout à fait contents. J'en ai retiré un magnifique ostensoir, un encensoir avec sa navette, le tout artistement travaillé. Mais ce qui a le plus frappé, c'est le calice pantographié avec émaux parfaitement réussis. Ce serait assez pour faire la réputation de la Pantographie, si cette réputation n'était déjà faite.

« Agréez, etc., PEYRE, prêtre,
chapelain au château de Céleyran. »

———

« Ylhet, par Sarrancolin (Hautes-Pyrénées).
« Monsieur l'Administrateur,

« J'ai reçu le ciboire que je vous avais demandé, très-exactement et en bon état, étant très-soigneusement emballé.

« Monseigneur a été le premier à s'en servir. Il l'a trouvé très-beau, les médaillons magnifiques. Il m'en fit l'éloge en présence de douze prêtres qui étaient venus assister à la cérémonie de la confirmation et de toute la paroisse réunie à l'église.

« Je suis avec respect, Monsieur, votre dévoué serviteur,
DOUCE, curé. »

———

« Couture (Loir-et-Cher).
« Monsieur le Directeur,

« Mon calice est fort bien pour un prix si modique. En travaillant à de telles conditions pour les pauvres églises, vous prouvez bien que votre premier but est de procurer la gloire de Dieu.

« Veuillez agréer l'assurance du respect avec lequel j'ai l'honneur d'être, Monsieur le Directeur, votre tout dévoué en N.-S. J.-C. DESMONTS, curé. »

———

« Vieussan (Hérault).
« Monsieur,

« J'ai reçu en son temps le calice redoré par la Pantographie. Je l'ai montré au conseil de fabrique, qui en a été bien satisfait, ainsi que du petit ciboire pour le saint viatique. Plusieurs confrères ont examiné ce travail le jour de l'Adoration et l'ont trouvé charmant, vu la modicité du prix. Dès que nous aurons d'autres ressources à la fabrique, je tâcherai de vous expédier notre ostensoir pour être doré conformément au calice. « DEJEAN, curé. »

———

« Quint (Haute-Garonne).
« Monsieur,

« J'ai reçu avant-hier une petite caisse renfermant les divers objets provenant de votre usine d'Ercuis ; je suis enchanté de la délicatesse et de la solidité de ce joli travail, et vous prie, avec tous mes remerciements, de vouloir bien agréer mes plus sympathiques salutations. BONDES, curé.

———

« Petit séminaire de Kouba (Algérie).

« Monsieur,

« J'ai l'honneur de vous accuser réception de notre calice.

« Je suis heureux de vous dire que ce calice, par l'élégance de sa forme, par le fini du travail, par l'heureuse disposition des émaux, est une œuvre d'art que je me ferai un plaisir de faire admirer à tous les prêtres qui viendront au séminaire.

« Déjà, pendant la retraite ecclésiastique, un grand nombre m'ont félicité de cette acquisition, et j'espère qu'ils s'adresseront, à l'avenir, à votre maison.

« RAVARY, supérieur. »

—

« Ricussec (Hérault).

« Monsieur,

« J'ai reçu l'ostensoir que je vous avais envoyé. J'en suis très-satisfait. Il a été admirablement restauré et doré. Veuillez en agréer mes remerciements les plus sincères. Je souhaite à la Pantographie tous les succès qu'elle mérite. Elle est appelée à rendre à la religion les services les plus signalés. L'avenir lui appartient, et le travail ne lui fera pas défaut. Pour ma part, je ne m'adresserai dorénavant qu'à l'usine d'Ercuis; c'est vous dire que je ferai bon accueil à votre traite.

« Je suis, « PHILIPPY, curé. »

—

« Lees-Athas.

« Monsieur l'Administrateur,

« J'ai l'honneur de vous accuser réception des deux calices que vous m'avez adressés. Je suis on ne peut plus satisfait de votre travail. Vous avez transformé complétement le petit : de très-ordinaire qu'il était, vous en avez fait un bijou. Réunis à l'occasion de la solennité de l'Adoration perpétuelle du Très-Saint-Sacrement, bon nombre de confrères ont été ravis des merveilles de la Pantographie.

« Cette admirable invention est destinée à quadrupler la beauté de nos vases sacrés.

« Recevez, etc., L'abbé SARRAILLER. »

« Igornay.

« Monseigneur,

« Les deux encensoirs qui viennent de m'arriver de l'usine d'Ercuis sont vraiment admirables pour le bon goût de la forme et le fini de l'exécution. J'étais déjà enchanté de mon calice et de mes magnifiques burettes en cristal avec belles garnitures d'argent doré ; je désirais, depuis longtemps, rencontrer un beau modèle d'encensoir unissant la solidité, la beauté au bon marché. L'usine d'Ercuis l'a exécuté et vient de me l'envoyer. De quelque peu d'importance que soit mon acquisition, laissez-moi vous prier, Monseigneur, de transmettre au chef de cette belle entreprise mes félicitations et mes vœux pour sa prospérité ; laissez-moi vous adresser à vous-même mes compliments bien sincères pour l'appui généreux et persévérant que vous avez donné à cette œuvre qui doit faire une révolution dans l'art de l'orfévrerie religieuse.

« Agréez, etc. « MULOT,

« curé d'Ygornay. »

———

« Saint-G.....

« Monsieur,

« J'ai reçu hier les couverts que vous avez eu la bonté de nous envoyer ; je les ai trouvés fort beaux, et je ne doute nullement qu'ils soient accueillis avec un véritable plaisir par notre respectable supérieur.

« Veuillez, je vous prie, Monsieur, en recevoir mes sincères remercîments.

« Agréez, Monsieur, l'assurance de mon profond respect, S. Saint-V. »

———

« Au Temple-en-Lorentois (Morbihan).

« Monsieur l'Administrateur,

« J'ai l'honneur de vous accuser réception du magnifique ostensoir que vous m'avez envoyé. Je l'ai étrenné le jour de Noël, et tous nos paroissiens en ont été émerveillés. Pour ma part, j'en suis très-content, et je ne puis qu'être infiniment reconnaissant à Monseigneur Pillon, que j'avais prié de le choisir lui-même, et à vous, Monsieur l'Administrateur de l'usine.

« J'ai l'honneur, « THÉRAUD, recteur. »

———

« Saint-Pé-Saint-Simon, canton de Mézin
(Lot-et-Garonne).

« Monsieur l'Administrateur,

« J'ai l'honneur de vous accuser réception du beau calice, tout argent vermeillé, que vous avez eu la bonté de m'adresser.

« Enchanté de ce calice, qui est d'un travail exquis et d'un prix relativement modique, je ne puis qu'être infiniment reconnaissant au digne administrateur de l'usine d'Ercuis, destinée à faire un bien immense au culte catholique.

« J'ai l'honneur   « L'abbé PEYRONNET. »

« Couvent de Saint-Joseph-de-l'Apparition,
à Jaffa (Palestine).

« Monsieur le Directeur de l'usine d'Ercuis (Oise),

« Je m'empresse, avec mes chères filles de Marie, de venir vous témoigner notre gratitude pour le magnifique cœur argent vermeil que vous avez eu l'extrême bonté de nous envoyer et qu'elles ont offert avec bonheur à notre auguste Mère du ciel. Quelques-unes d'entre elles, en le voyant si beau, m'ont dit : « Voyez-vous, ma Mère, comme nous avons bien « fait en vous priant de nous faire venir de France « le cœur de Marie. » J'ai déjà écrit à Marseille, Monsieur le directeur, pour vous en faire parvenir le montant.

« Je suis, avec les sentiments de la plus haute estime, Monsieur le directeur, votre très-reconnaissante,   Sœur SYLVIE, religieuse
de Saint-Joseph-de-l'Apparition. »

« His (Haute-Garonne).

« Monseigneur,

« Je viens, enfin, vous accuser réception du calice roman que vous m'avez fait expédier, il y a déjà quelques jours, par la Pantographie. J'en suis très-content; sa gracieuse simplicité a beaucoup plu à mes confrères. Je vous remercie des soins que vous vous êtes donnés pour me faire expédier ce calice.

« Votre respectueux et dévoué confrère,
                  « MENGARDUQUE, curé. »

« Bernaville (Somme).

« Monsieur,

« Nous avons reçu l'ostensoir en son temps; j'ai voulu, avant de vous en accuser réception, recueillir les sentiments des connaisseurs et de mes paroissiens. Or, tous de concert en ont admiré le travail et le fini : mes confrères ne tarissent point en éloges et se promettent bien de se fournir auprès de la Pantographie, pour tous les objets concernant le culte. Le prix leur en a paru très-modéré. Les couverts en minargent que vous m'avez fournis, il y a dix-huit mois, conservent très-bien leur lustre et imitent parfaitement l'argent.

« Agréez, Monsieur, etc.

« Fliche, curé doyen. »

———

« Clermont.

« Monsieur,

« En vous accusant réception du calice-mission, je vous envoie le montant au prix de 163 francs, et je saisis avec empressement cette bonne occasion pour féliciter l'administration de cet ouvrage : c'est un véritable service qu'elle a rendu à l'Œuvre si admirable des missions en créant ce petit chef-d'œuvre.

« Aussi, Monsieur, agréez tous mes remerciements.

« Gaston Desribes,

« des Missions africaines de Lyon,

« à l'Orphelinat des Frères de Saint-André (Clermont).»

———

« Martailly, par Tournus (Saône-et-Loire).

« Monsieur,

« Je viens vous accuser réception du magnifique ostensoir que vous nous avez envoyé. Je l'ai étrenné le jour de l'Assomption, et tous nos gens en ont été émerveillés. Pour ma part, j'en suis très-content, mais je tenais, avant de vous l'exprimer, à connaître l'opinion de mes confrères voisins. Aujourd'hui tous l'ont vu et tous ont applaudi votre beau travail. Merci donc et à plus tard de nouvelles emplettes.

« J'ai l'honneur d'être votre très-humble serviteur,

« Chapuis,

« curé de Martailly. »

———

« Homps, canton de Mauvezin,
          par Montfort-du-Gers.
      « Monsieur l'Administrateur,
    « Avant de vous accuser réception du colis que
vous m'avez expédié, j'ai voulu montrer à plusieurs
de mes confrères les divers précieux objets qu'il
contenait, afin de vous faire connaître leurs appré-
ciations.
    « Le calice gothique argent vermeil pantographié
a été trouvé magnifique et pas cher. M. le curé de
Couget, à qui il était destiné, ne s'attendait pas
à recevoir, pour le prix de 348 francs, un calice si
beau ; il en est enchanté, et il me charge de vous
transmettre mille remercîments. Il est également
très-content des couverts en minargent. Je vous
transmets aussi les remercîments de tous les prêtres
pour qui je vous avais demandé des couverts.
    « La grande chapelle façon ivoire, les deux croix
émaillées, le chapelet en minargent ont fait l'admiration de toutes les personnes à qui je les ai mon-
trés ; plusieurs désirent surtout des croix émaillées ;
dans quelque temps je vous prierai de m'en envoyer
un nombre assez considérable.
    « Recevez,   OULÉ, curé de Homps.»

—

      « Saint-Romain-le-Puy (Loire).
    « Monsieur l'Administrateur,
    « J'ai l'honneur de vous accuser réception du colis
que vous m'avez expédié d'Ercuis. Recevez mes
compliments les plus sincères et le témoignage de
mon entière satisfaction. Calice et ciboire sont plus
que convenables, ils sont d'une beauté solennelle. »
              « Décultieux, prêtre. »

—

      « Collo, près Philippeville (Algérie).
    « Monsieur,
    « J'ai reçu en bon état et en son temps, le calice,
consacré même, ainsi que la sonnette que vous avez
bien voulu m'adresser. Mon calice a fait l'admiration de toutes les personnes qui l'ont examiné, de
près comme de loin. Mille remerciements.
              « Fabre, curé. »

—

« Ladinhac.

« Nous vous accusons réception du calice que vous nous avez expédié, et nous n'avons que des félicitations à vous adresser sous les deux rapports du goût et du fini du travail.
« FALIER, trésorier de la fabrique. »

« Rebreuviette

« Je viens de recevoir le baiser de paix que vous m'avez expédié.

« Dessin correct, emblème bien compris, exécution parfaite ; tels sont les caractères de ce petit objet d'art, c'est vous dire que j'en suis très-satisfait.   DELMOTTE. »

« Grand séminaire d'Auch.

« Vous me permettrez, je l'espère, de vous adresser un bon sur la poste de 30 francs que j'ai fait enregistrer sous votre nom. Il m'a été impossible de déchiffrer la signature de l'administrateur ou employé de la *Pantographie Voltaïque*, avec lequel vous avez eu la bonté de me mettre en rapport. Il m'a été envoyé une pixide du prix de 30 francs.

« Ce produit, je dois le dire à la gloire des procédés nouvellement trouvés et mis en usage, est d'une perfection irréprochable. Tout le monde ici l'a admiré pour sa forme, son élégance, son ornementation. Je dois même ajouter que le prix n'a pas été trouvé fort. J'espère avec ce spécimen pouvoir vous procurer des commandes ; j'en saisirai l'occasion avec empressement.
« LARRIEU, chanoine, directeur au grand séminaire d'Auch. »

« Dosnon (Aube).

« Merci six cents fois de vos admirables chandeliers que l'on ne pouvait se lasser de contempler et qui rehaussaient si bien notre autel en notre belle fête de dimanche dernier.
« LENFUMÉ, curé. »

« Saint-Just-de-Baffie (Puy-de-Dôme).

« J'ai reçu hier, 10 août, la caisse renfermant l'ostensoir, le ciboire, que je vous avais confiés, et un baiser de paix que vous avez ajouté. Je suis très-satisfait du travail et je suis sûr que mes confrères l'admireront comme moi.
« COL, curé. »

« Saint-Maurice-la-Fougereuse.

« J'ai l'honneur de vous adresser un mandat sur la poste, prix du calice qui vient de nous être expédié par la Société pantographique. Nous n'eussions pas été fâchés de voir quelques petits émaux au pied du calice ; à part cela, nous sommes heureux de vous en exprimer notre complète satisfaction.   PH. BENOY, vicaire. »

« Rochefort, par Pont-de-Beauvoisin (Savoie).

« Monseigneur,

« Je vous remercie de nouveau de l'envoi de ma pixide viaticaire que mes confrères admirent et qui les excitera à se servir à la Pantographie. DUCRUET, curé. »

———

« Hombleux (Belgique).

« J'ai attendu quelques jours pour vous répondre, parce que je voulais voir les objets, afin de vous donner mon appréciation.

« Je suis enchanté, la lampe est magnifique; je serai tenté de croire que vous me l'avez changée et que vous m'en donnez une neuve en place, et comme vous ne me demandez que le prix convenu pour une réparation, ce serait un don dissimulé.

« L'encensoir et les chandeliers sont également fort bien; aussi, lorsque j'aurai des objets à faire dorer ou argenter, je m'adresserai toujours à vous. JONGLEUX, curé. »

———

« Bouchier (Hautes-Alpes).

« Monsieur l'Administrateur,

« Je dois tout d'abord vous prier d'agréer mes excuses du retard que j'ai apporté à répondre à votre dernière lettre ; il y a une quinzaine de jours que j'aurais dû vous accuser réception du colis que vous avez bien voulu m'adresser, car j'avais à vous dire que je suis content en général des deux vases sacrés que j'ai reçus. A la vérité, un peu moins du calice que du ciboire, mais, pour le prix, je crois que je n'aurais jamais eu autant ailleurs. BLANC, curé. »

———

« Saint-Christophe-la-Grotte (Savoie).

« Le ciboire que vous m'avez fourni en dernier lieu, au prix de 260 francs, est d'une solidité et d'une élégance remarquables, qui a frappé tous les vénérables ecclésiastiques du voisinage auxquels j'ai eu l'occasion de le montrer.

« Toujours courage sous le regard de Dieu !

« *In omnibus respice finem.*

« THIEVENAZ, chanoine honoraire d'Orléans. »

———

« Tinchebray (Orne).

« J'ai reçu votre ciboire, et je me fais un plaisir de vous adresser mes félicitations sur sa forme et sur ses dessins.

« A. TILLIER, économe de Sainte-Marie. »

———

« Conques (Aude).

« Monsieur l'Administrateur,

« J'ai reçu le calice dont je suis très-content ; les personnes et les confrères qui l'ont vu me félicitent de mon emplette. Je crois que si vous aviez un dépôt de vos produits dans nos contrées, à Toulouse ou à Carcassonne, vous feriez de très-belles affaires.

« Agréez, Monsieur, etc.,　　　DELPECH, curé doyen. »

« Cantoin (Aveyron).

« Je viens avec bonheur vous annoncer l'heureuse arrivée du brillant ostensoir que votre administration d'Ercuis a bien voulu m'adresser.

« Laissez-moi vous dire que cet ostensoir a dépassé de beaucoup mes espérances, et si de pareils objets sortent de vos ateliers, votre Usine est destinée à opérer un grand mouvement dans l'orfévrerie...

« Que le bon Dieu vous bénisse de cette riche découverte.

« JOANY, curé. »

« Monsieur l'Administrateur,

« Le ciboire dont vous avez bien voulu m'annoncer l'envoi par votre lettre du 8 courant, vient de m'arriver. Quoique les produits de l'usine pantographique d'Ercuis me fussent déjà connus, j'ai été très-agréablement surpris de la délicatesse et du bon goût des ornementations de ce nouvel échantillon que je m'en suis procuré.

« Le beau et le bon marché, qu'il est si difficile de rencontrer ailleurs, se trouve vraiment à profusion dans vos magasins. Quel immense et précieux service la Pantographie rend à la splendeur du culte dans nos églises ! Que le Dieu à qui sont dues toute louange et toute gloire la bénisse donc de plus en plus ainsi que ceux qui la dirigent si heureusement.

« Veuillez, etc.,　　PROMPSAULT, curé du Beaucet (Vaucluse). »

« Saint-Nazaire-de-Valentane.

« Monsieur,

« Je n'essaierai pas de vous témoigner toute ma satisfaction, je ne sais que vous dire merci et encore merci. Grâce à l'usine d'Ercuis, ma petite et bien-aimée chapelle ne vivra plus d'emprunts, il ne lui manque plus rien des choses essentielles. Ce n'est qu'après les fêtes que j'ai pu prendre, à Toulouse, chez ma commissionnaire, le petit paquet dont elle s'était chargée.

« Le ciboire est bien réparé, tel que je le désirais ; le calice a surpassé mon attente. Je pensais qu'il ne serait qu'argenté, et je l'ai trouvé tout doré.

« Je vous renouvelle mes remerciments et vous prie de me croire toujours votre bien reconnaissant serviteur,

« MARIE ARNICHAND. »

« Montigny-sur-Meurthe.

« Monsieur l'Administrateur,

« Hier mardi, 2 avril courant, nous avons reçu notre ostensoir. Nous l'avons trouvé tel que vous nous l'avez annoncé dans votre lettre du 30 mars. Il est bien restauré, il est magnifique.

« Je l'ai montré au conseil de fabrique qui en a été satisfait.

« Beaucoup de confrères, ainsi que d'autres personnes, ont examiné votre travail et l'ont trouvé charmant, il vous attirera infailliblement la clientèle de notre pays.

« Veuillez agréer, etc.,

« TRISTO, curé de Montigny (Meurthe-Moselle). »

« Arandon (Isère).

« J'ai l'honneur de vous accuser réception de nos quatre chandeliers, naguère si laids, aujourd'hui si beaux !

« On m'a remis la caisse juste au moment où j'avais chez moi réunion de dix confrères voisins. A la vue d'une si surprenante métamorphose, chacun d'admirer, chacun de s'extasier, chacun de dire : « Et moi aussi je vais chercher chez « moi et dans mon église tout ce qui demande réparation et « l'envoyer à cette Usine unique, non-seulement en France, « mais dans l'univers. »

« Toute ma petite et pauvre paroisse est aussi dans l'admiration.

BARRAL, curé. »

« Illac.

« Avant tout, permettez-moi de vous remercier pour le beau ciboire que vous m'avez fait expédier d'Ercuis. Les ornements, distribués avec sobriété, sont d'un goût exquis. Tout le monde a admiré ce beau vase le jour de l'Adoration perpétuelle, et a été étonné de son prix relativement peu élevé.

CHABROL, curé. »

« Aulon.

« Monsieur le Directeur de la *Pantographie voltaïque*,

« J'ai vu dernièrement un ostensoir sorti de vos ateliers. C'est le « *nec plus ultra* » du bon goût, de *l'élégance*, de la *richesse* et du bon marché, vous allez devenir le fournisseur du clergé.

« Agréez, etc.,

PUJEN, curé d'Aulon (Hte-Garonne). »

« Condom (Gers).

J'ai reçu la patène annoncée par votre lettre du 8. Je suis heureux de vous témoigner toute ma satisfaction pour la manière dont vous avez traité cet objet. Mon calice est maintenant une délicieuse œuvre d'art, et en recommandant en toute occasion votre Maison et la beauté de ses produits, je remplirai avec un acte de justice, un devoir d'estime bien mérité. FERRAN, aumônier des Filles de Marie. »

———

« Combailloux.

« Je n'ai que des éloges à vous faire de la célérité et surtout du soin que vous avez mis dans la dorure du ciboire que je vous avais confié. Que Dieu daigne bénir la Pantographie et lui accorder le succès qu'elle mérite.

« CH. LOUVIER, curé. »

———

Pierrevert.

« J'ai reçu d'Ercuis le joli chrémier-custode en vermeil. Cet ouvrage est dans de bonnes conditions, tant pour l'élégance de la forme que de la solidité et aussi par rapport au fini du travail; en un mot, j'en suis très-satisfait.

« GAUDEMARD, curé. »

———

« Saint-Bris (Yonne).

« J'ai reçu mon ciboire ; il est magnifique, je suis on ne peut plus satisfait de votre travail. Mon attente, comme vous me le promettiez dans une de vos lettres, a été dépassée et de beaucoup. Aussi bien, n'est-ce pas la dernière affaire que nous ferons ensemble. A bientôt.

« GUIGNEPIED, curé. »

———

« Caubiac, par Cadours (Haute-Garonne).

« Je viens de recevoir l'ostensoir dont vous m'annoncez l'expédition par chemin de fer, par votre lettre 16 courant.

« Je suis très-satisfait de cet envoi, il est tel que je le désirais, la forme est très-gracieuse, la croix ornée d'émaux, et il est arrivé en bon état, très-bien emballé. Il ne me reste plus qu'à vous remercier, et je ferai bon accueil à la traite.

« BACQUÉ, curé. »

———

« Orbessan (Gers).

« J'ouvre la caisse où se trouve un magnifique calice. J'espérais beaucoup de l'industrie qui vous doit tant; j'avoue que mes espérances sont bien surpassées. Que MM. les administrateurs de l'usine d'Ercuis reçoivent toutes mes félicitations.

« Que tous et partout vous donnent leur confiance.

« DILHAN, curé. »

———

« Pippemont.

« C'est aujourd'hui, 22 septembre, que j'ai reçu votre envoi, le retard a été causé par l'éloignement de la gare.

« Agréez, Monsieur l'administrateur, mes sincères félicitations ; je n'ai eu qu'a m'extasier devant le fini de l'exécution et l'éclat si pompeux du métal.

« DEMONT, cultivateur »

« Saint-Pierre-de-Salerme.

« J'ai reçu hier soir votre lettre dans laquelle se trouvait la facture du prix d'un calice n° 12, argent-vermeil pantographié, émaux avec patène, renfermé dans une gaîne pour calice et burettes, avec emballage ; le tout pour la somme de 346 fr. 25 cent.

« *Vous dire que je suis content et même très-content de votre envoi, c'est vous faire ajouter aussitôt : Nous nous y attendions, et il ne pouvait pas en être autrement.*

« Aussi, je vous assure que cette pièce sera vue, examinée, et, ensuite, que j'aimerai à entendre dire :

« Monseigneur Pillon l'avait bien dit, mais nous voulions voir, et c'est ce qui m'a engagé à faire cette acquisition, comme je vous l'ai dit dans ma première lettre.

« BEAUVOISIN, curé. »

« Olcani (Corse).

« Des circonstances indépendantes de ma volonté m'ont empêché de vous accuser plus tôt réception du calice et de l'ostensoir que je vous avais demandés. Je le regrette bien sincèrement.

« Ces deux objets, le calice surtout, sont magnifiques ; ils ont fait l'admiration de tous ceux qui ont pu les voir de près.

« Permettez-moi, Monsieur, de vous le dire, j'attendais beaucoup de votre Maison, qui ne fait que de naître, et qui est déjà si honorablement connue, mais vous avez, et de beaucoup aussi, dépassé mon attente.

« Il n'y a qu'une voix pour rendre hommage à la perfection des produits de la Société pantographique. Personnellement, je fais des vœux bien sincères pour le succès d'une œuvre qui est appelée à rendre les plus grands services à l'Eglise et à la religion.

« Déjà j'ai eu le plaisir et l'honneur d'envoyer au vénérable Monseigneur Pillon, de Thury, mes félicitations avec l'expression de ma profonde gratitude.

« Souffrez que je mêle aujourd'hui votre nom au sien dans mes actions de grâces.   GIORGETTI, curé. »

« La Chapelle-en-Serval (Oise).

« J'ai reçu avant-hier le ciboire que vous m'avez envoyé. J'avais donné à la fabrique d'Ercuis un objet bien vilain et on me rend un petit bijou. Tout le monde ici en est enchanté. Je l'ai montré à deux prêtres du diocèse de Clermont-Ferrand en villégiature ici, et aussitôt ils ont résolu de faire, en repartant, des acquisitions au magasin de la Pantographie, 14, rue de l'Abbaye, à Paris. CLIN, curé. »

———

« Monsieur l'Administrateur,

« Le calice que j'avais envoyé à la Pantographie, pour être restauré, ne m'est arrivé que lundi dernier au soir, 13 novembre. Monseigneur l'évêque d'Evreux ayant été absent, il a longtemps séjourné à Evreux. — Il est charmant, admirable.

« Veuillez bien agréer l'hommage du respect avec lequel j'ai l'honneur d'être, Monsieur, votre très-humble serviteur,

« E. DAUVEL, curé de Fontaine-la-Louvet. »

———

« Wissant.

« Monsieur l'Administrateur,

« J'ai reçu mes candélabres, j'en suis fort content, et mes confrères qui les ont vus à l'Adoration ont trouvé aussi qu'ils étaient très-beaux et pas chers.

« Je vous prie, Monsieur, de vouloir bien recevoir mes souhaits de nouvel an et de me croire avec respect et confiance votre très-humble serviteur,

« VASSAL, curé de Wissant (Pas-de-Calais).»

———

Saint-Jean-Devain, commune de Varenne-les-Narcy,
par la Charité (Nièvre).

« Monsieur l'Administrateur,

« Je viens de recevoir les quatre statuettes en bronze argentées, hauteur, 30 centimètres, et je m'empresse de vous en accuser réception, tout en vous faisant part de la grande satisfaction que j'ai éprouvée en voyant que vous aviez parfaitement rempli mes désirs. Elles me sont parvenues intactes et sans avaries, aussi ne saurais-je vous dépeindre le contentement que j'éprouve en pensant combien vont être heureux mes enfants en recevant d'aussi belles étrennes.

« Je dois vous dire que le mode de paiement que vous m'offrez me convient parfaitement et que je me tiens à vos ordres.

« Je suis tellement satisfaite et je me sens si heureuse que je crois devoir faire une bonne œuvre en vous priant de compter au nombre de vos abonnés mes deux nièces.

« Veuve NORMAND. »

———

« La Chapelle-au-Riboul,

« La lampe de sanctuaire que vous m'avez envoyée, il y a un mois, et que nous avons placée pour notre belle fête de l'Adoration du Saint-Sacrement, remplit parfaitement tous mes désirs ; elle est d'un effet magnifique avec ses neuf lumières, et j'espère que la dorure sera de longue durée.

« A. RONDEAU, curé. »

———

« Biencourt, par Moutiers-sur-Saulx.

« J'ai reçu et admiré votre ouvrage. Je vous félicite de tout cœur de cette merveilleuse invention et de la manière dont vous savez vous en servir. Si la dorure est aussi solide qu'elle est belle, je me ferai un bonheur de vous demander plus tard quelques-uns de vos magnifiques produits.

« E. NOISETTE, curé. »

———

« Condom (Gers).

« Les occupations extraordinaires de la fin de l'année scolaire ne m'ont pas permis de vous accuser réception de votre envoi du 12 août dernier. Je m'empresse de le faire aujourd'hui, ce qui me donne en outre le plaisir de vous témoigner notre satisfaction, car je n'ai presque que des éloges à vous adresser pour les différents objets que vous nous avez envoyés. Notre calice est très-bien redoré ; le ciboire que vous avez ajouté à l'envoi du 12 est magnifique, et je ferai en sorte d'en devenir au plus tôt possesseur pour pouvoir m'en servir. Le calice est pareillement délicieux, et je me félicite de plus en plus de m'être fié à votre bon goût pour le remplacement du n° 12.

« Je ne fais des réserves que pour la patène, qui n'est pas assortie au calice. Je suppose que le commis, chargé de l'expédition, s'est trompé.

« Plusieurs prêtres à qui j'ai fait admirer le nouveau calice et le ciboire, ont été ravis de la perfection de votre travail ; ils ont été d'autant plus heureux de voir ces objets, que déjà quelques-uns, désireux d'acquérir de vos produits, en avaient été détournés par des marchands de vases sacrés qui s'étaient plu vivement à déprécier vos articles. La vue de ceux que vous m'avez envoyés leur a donné bien du regret de ne s'être pas adressés à votre Maison.

« Il ne me reste qu'à vous remercier de votre complaisance, et j'espère que ce ne sera pas inutilement que je ferai admirer ces objets si délicatement exécutés.

« FERRAN, aumônier. »

———

« Pons (Charente-Inférieure).

« Le calice que vous m'avez envoyé me plaît infiniment, et tous ceux à qui je l'ai montré l'ont trouvé charmant. Aussi, ai-je la ferme confiance que mes collègues s'adresseront à vous lorsqu'ils désireront s'en procurer un.

« V. PITON. »

———

« Saint-Cormier (Orne).

« Je commence par vous dire que tous nous avons admiré notre précieux calice doré et ornementé par la Pantographie voltaïque ; je vous remercie en mon particulier de vos *décors soignés* et dont je suis on ne peut *plus satisfait*. Votre découverte sera *du plus grand prix* pour nos pauvres églises, et *son succès est assuré*.   Bouquerel, curé, »

———

« Altier, par Villefort (Lozère).

« Je vous accuse réception de l'envoi dont je vous avais adressé commande et je vous en témoigne toute ma satisfaction. Je ne m'attendais pas assurément à des choses *si belles, si soignées* et de *si bon goût*, soit pour l'écrin, soit pour les burettes, plateau, clochette, soit pour les additions, nouvelles ornementations que vous avez fait ajouter selon mes désirs, au pied du calice que je vous avais envoyé à cet effet et sans modification du prix modéré que je vous avais marqué. — Oui, en voyant le tout, j'ai été *émerveillé*, et je vous en exprime encore une fois ma vive satisfaction, et je ne manquerai aucune occasion de faire connaître et de recommander votre Maison pour lui procurer la plus nombreuse clientèle et lui faire réaliser tous les bénéfices possibles.
                    Coulomb, vicaire. »

———

« Buc (Seine-et-Oise).

« Monsieur,

« J'ai vu de près, l'an passé, vos procédés, et vous les perfectionnez sans cesse. La galvanoplastie dans vos mains, est décidément une belle et grande chose. Vous employez aujourd'hui trois cents ouvriers français et chrétiens, vous en aurez le double de ce nombre avant que deux ans se soient écoulés

« J'ai attendu bien des mois avant de vous remercier. La solidité de la dorure et de l'argenture, comme pour les étoffes, se reconnaît à l'usé, et c'est d'elle que dépend la cherté ou le bon marché des produits ; mon argenterie de table est brillante et intacte comme au jour du déballage ; les charnières de mes tabatières ne s'encrassent point, et l'or du fond et des angles est resté clair et pur. Les prix fixés par vous sont donc doublement modérés et satisfaisants.

« Vous moralisez le travail et l'industrie ; ce n'est pas là un médiocre exploit.

« Votre humble serviteur,   H. Ferry de Pigny. »

———

« Banyuls-sur-Mer (Pyrénées-Orientales).

« Monsieur l'Administrateur,

« J'ai reçu l'ostensoir renaissance que vous m'avez envoyé. Comme travail d'ornementation, il ne laisse rien à désirer, j'en suis très-content.

« J'ai l'honneur de vous saluer,   « L'abbé Rous. »

———

« Crouy (Loir-et-Cher).

« Monseigneur,

« J'ai étrenné aujourd'hui mon calice restauré par la Pantographie. C'est vraiment un plaisir de se servir d'un objet si délicatement réparé ; si la solidité répond à la délicatesse de la restauration, il n'y aura qu'à se féliciter d'avoir recouru à cette usine vraiment précieuse.

« Si ce n'était l'embarras du transport, je recourerais certainement plus souvent à elle, et aussi bien d'autres confrères, je n'en doute pas.

« Plotu, curé. »

———

« Saint-Michel-le-Cloucey (Vendée).

« J'ai reçu mon ciboire et mon calice. Je suis bien satisfait de votre travail et j'espère que la solidité ne lui fera pas défaut.   Audureau, curé desservant. »

———

« Payssous.

« Monsieur,

« J'ai reçu le calice que vous avez bien voulu m'adresser, la vraiment dépassé mes espérances. C'est un calice remarquable par sa richesse et la finesse du travail qui a présidé à sa confection.

« Martin, curé de Payssous (Hte-Garonne). »

———

« Saint-Vaast-d'Equiqueville.

« Nous avons reçu samedi l'ostensoir que nous vous avions demandé, nous en sommes entièrement satisfaits et au besoin nous n'oublierons pas l'usine d'Ercuis.

Nous vous adressons donc nos remercîments.

« Pointet, curé. »

———

« Monsieur,

« Nous pensons vous faire plaisir en payant immédiatement l'envoi qui vient de nous arriver d'Ercuis. Nous sommes très-contentes. Le tout est très-bien. Certainement nous nous adresserons à vous désormais, lorsque nous aurons quelque chose à acheter ou à réparer.

« Votre très-humble servante,   « Sœur M***,
« Econome de la Visitation-Sainte-Marie. D. S. B. »

« La Capelle-Farcel (Lot).
« Monsieur l'Administrateur,

« J'ai l'honneur de vous accuser réception du beau ciboire à lis que vous nous avez envoyé. Nous en sommes bien contents, et, pour vous prouver notre satisfaction, je vous prie, en nous accusant réception de la présente, nous adresser un prospectus de lustres d'église, dans le prix de 200 à 400 francs. La personne qui a payé le ciboire veut bien encore se charger de nous acheter un lustre, et je suis heureux qu'elle me donne commission de m'adresser à la Société pantographique.

« Ne tardez pas à nous répondre.

« Votre très-humble serviteur,   « GALZIN. »

« Monsieur,

« J'ai reçu, bien conditionnés, le joli calice que vous avez bien voulu me faire expédier, ainsi que le chrémier et la grosse de médailles que j'avais demandés. Quoique j'eusse préféré la forme moderne à la gothique, ce calice est si gracieux qu'il me plaît beaucoup. Je vous remercie, Monsieur, d'avoir bien voulu vous donner la peine de le choisir.

« GANDEMARD, curé. »

« Saint-Romain-le-Puy (Loire).
« Monsieur l'Administrateur,

« J'ai l'honneur de vous transmettre le témoignage sommaire de la satisfaction des destinataires, pour tous les articles qui composaient vos deux derniers envois.

« Votre tout dévoué serviteur,   « DÉCULTIEUX. »

« Trèbes (Aude).

« Monsieur l'Administrateur,

« Votre baiser-de-paix m'a paru un petit chef-d'œuvre et a été admiré de tous ceux qui l'ont vu, dont quelques-uns fort compétents, à qui je l'ai montré.

« Si votre OEuvre était un peu plus connue par ses produits, vous ne tarderiez pas à être débordés par de nouveaux clients.

« Votre très-humble serviteur en Notre-Seigneur,
« P. Gayda, doyen de Trèbes. »

———

« Dun-le-Palleteau (Creuse).

« Monsieur,

« J'ai reçu le calice; j'en suis fort content. J'espère qu'il conservera longtemps sa beauté. J'ai été assez maladroit de ne pas demander un étui; je tâcherai de m'en procurer un. J'ai payé aujourd'hui la traite. Vous avez toute ma confiance. Je trouverai bien ce que vous ferez; il est inutile de m'écrire pour ce sujet.   « Blanchard, curé. »

———

« Baye.

« Monsieur l'Administrateur,

« J'ai l'honneur de vous accuser réception de la magnifique lampe que je vous avais demandée. Il y a quelques années, j'en avais acheté une pour le sanctuaire de mon église, et je croyais avoir fait merveille; mais la vôtre, que j'ai placée à l'autel de la Sainte-Vierge, est incomparablement plus belle. Il y a réellement une trop grande différence, d'abord de prix, comparativement et de beauté. Si Messieurs les curés connaissaient tous la magnificence de vos produits, les marchands d'orfévrerie d'église n'auraient qu'une chose à faire : fermer leurs magasins.

« Veuillez agréer,   « Olivier Mahen,
« curé de Baye (Marne) »

———

« Roulers (Belgique).

« Monseigneur,

« Le propriétaire des couronnes est extrêmement content de votre fabrication; vous êtes, sous tous les rapports, au-dessus de son attente : aussi, parmi mes connaissances, auxquelles je les ai montrées, quelques-unes m'ont promis une commande pour bientôt.   « VERHALLE. »

—

« Chambalud (Isère).

« Monsieur,

« J'ai l'honneur de vous expédier dans cette feuille, un mandat de 26 fr. 60 c., prix de l'argenture que vous avez dû mettre avec beaucoup d'art à ma cafetière et à mes douze cuillères.

« Les ouvriers de Lyon avaient déclaré ne pouvoir remettre à neuf la cafetière.

« Agréez, etc.   « Ribaud, curé.

—

« Port-de-Bouc.

« Monsieur l'Administrateur,

« J'ai l'honneur de vous accuser réception des objets demandés (bénitier et goupillon) et de m'acquitter par le présent mandat : 42 fr. 25.

« Je suis très-satisfait de cette première acquisition et tout à fait encouragé à m'adresser à vous pour une prochaine commande.

« Veuillez agréer, Monsieur, l'hommage empressé de mes bien respectueuses salutations.

          « BAUFFRET, curé. »

—

« Montmédy (Meuse).

« Monsieur l'Administrateur,

« Je vous accuse réception des deux calices que vous m'avez expédiés. M. le curé et moi sommes très-satisfaits de votre travail et vous remercions.

« ..... Vers la fin de la semaine prochaine, je vous enverrai encore un ciboire, etc.,

« Veuillez agréer, etc.   RENAUDIN, vicaire. »

—

« Labrit.

« Monsieur l'Administrateur,

« J'ai reçu l'ostensoir que je vous avais demandé pour la paroisse de Vert. C'est un produit splendide de votre usine d'Ercuis; tous ceux qui l'ont vu en ont été, comme moi, émerveillés : je vous offre mes vives et sincères félicitations. Je me rends compte maintenant de la vogue toujours croissante de la Pantographie voltaïque.

« M. le curé de Vert, qui m'avait prié de vous demander cet ostensoir, ne l'a point vu ; il est parti pour aller occuper un autre poste, juste un jour avant l'arrivée du précieux colis. Mais son successeur a été heureux d'étrenner l'ostensoir dans la cérémonie de son installation, qui a eu lieu avant-hier, 21 juin.   « Sébie, curé. »

« Rappaggio par Predicroce (Corse).

« Monsieur,

« J'ai reçu l'orfévrerie de table que vous avez eu l'obligeance de me faire envoyer. Je suis en tout très-content et satisfait des objets. Je vous remercie infiniment, Monsieur, de l'accueil que vous avez fait à ma demande et vous en serai éternellement reconnaissant.   « Leoni, curé. »

« His, par Salies-du-Salat (Haute-Garonne).

« Monsieur l'Administrateur,

« Je viens un peu tard vous accuser réception de votre envoi du 14 octobre, lequel est arrivé ici en très-bon état. Je suis très-content du calice roman que Monseigneur Pillon vous avait commandé pour moi. Mes confrères voisins l'ont trouvé très-élégant, très-beau. Messieurs les curés de Castagnède et de Touille ont été très-satisfaits de l'aspersoir, du chapelet et des six couverts en minargent que je vous avais demandés pour eux. Je suis également satisfait des croix et médailles pour catéchisme que vous m'avez envoyées avec le calice. Comme actionnaire de la Pantographie, je dois faire et je fais la propagande la plus active, la plus zélée, afin de vous procurer de nombreuses commandes.

« Mengarduque, curé. »

« Vionville.

« Monsieur,

« Veuillez excuser le retard que j'ai mis à accuser réception de l'ostensoir. Je voulais vous donner en même temps le jugement que l'on portait sur ce vase sacré. Le résultat est on ne peut plus satisfaisant. L'ostensoir a été admiré, et on a trouvé le prix peu élevé, vu l'effet produit. Veuillez m'adresser quelques dessins de vos calices, burettes, plats pour quêter, en minargent, avec l'indication du prix. Pour le calice, je pourrais mettre 200 ou 250 francs.

« J'ai l'honneur d'être,   « SABOURET,
   « Curé de Vionville. »

« Pierrevert, par Manosque (Basses-Alpes),

———

« M*** (Lot-et-Garonne).

« Monsieur,

« J'ai reçu le ciboire avant votre lettre d'avis, c'est vous dire qu'il n'a pas fait fausse route. Bien qu'il n'y ait pas de pierreries, comme je l'avais demandé, je puis vous dire que nous sommes très-satisfaites. Merci, Monsieur, d'avoir répondu à notre confiance; merci aussi de votre empressement à ne pas nous faire attendre. Nous sommes en tout, et pour tout, très-heureuses de nous être adressées à votre maison, et désormais nous n'irons pas ailleurs.

« Daignez agréer,   « Sœur SAINT-JEAN. »

———

« Le Revest-des-Brousses (Basses-Alpes).

« Monseigneur,

« J'ai l'honneur de vous accuser réception de la caisse renfermant le calice que je m'étais permis de vous demander et dont je suis on ne peut plus satisfait. Je me fais un devoir de vous remercier du bienveillant envoi que vous avez daigné me faire adresser, et je vous prie en même temps de transmettre mes félicitations à ces Messieurs de l'Usine d'Ercuis. A vous une fois encore, Monseigneur, je vous exprime du fond de mon cœur mes plus sincères remercîments, et je prie le bon Dieu qu'il daigne vous récompenser au centuple du bien que vous faites et aux paroisses et aux curés.

« André, curé. »

———

« Labergement-les-Auxonne (Côte-d'Or).

« Monsieur,

« Bien que je ne vous l'aie pas encore dit, j'ai été content des candélabres et des burettes qui m'ont été envoyés, il y a quelques mois. L'exécution m'en a paru bonne et le prix modéré.

« Daignez agréer, Monsieur, avec toute ma reconnaissance, la nouvelle expression de tout mon respect,

« Votre tout dévoué en Jésus, Marie, Joseph,

« FRILLEY, curé. »

« Montauban-de-Luchon.

« Monsieur,

« J'ai reçu le calice et le ciboire que vous m'avez expédiés. Ces deux objets nous ont pleinement satisfait, et je vous en remercie en mon nom et au nom de la personne qui a demandé le calice.

« J'ai l'honneur, etc.,

« J.-B. Carrère, prêtre. »

« Kermoroch (Côtes-du-Nord), 26 juin 1874.

« Monsieur l'Administrateur,

« Si je viens trois jours en retard vous donner mon appréciation sur votre beau travail, cela vient de ce que j'ai tenu à avoir l'appréciation de mes paroissiens et celle de mes confrères voisins avant de vous écrire.

« Tous ont été unanimes pour dire que la croix est très-belle et le travail on ne peut plus soigné.

« Pour moi, je vous l'avoue, malgré toute la confiance que j'avais en vous, mon attente a été dépassée.

« Je vous prie de tirer sur moi pour 1,800 francs, montant de la croix, au 15 juillet prochain.

« Je finis en vous répétant que je suis enchanté de votre travail.

« Tout à vous de cœur,   LE DONNER, curé. »

« Oye.

« Monsieur l'Administrateur,

« J'ai à vous dire ma satisfaction du travail que vous avez exécuté pour moi.

« Je vous avais envoyé, pour être restauré, un calice qui était devenu de nulle valeur, et vous l'avez non pas restauré, mais transformé.

« Je vous dois véritablement de la reconnaissance.

« Agréez en ici l'expression,   F. GALLAIS,
                   « Curé d'Oye (diocèse d'Arras). »

                   « Saligny (Vendée).
« Monsieur l'Administrateur,

« Veuillez agréer l'expression de ma satisfaction pour le travail de gravure que je vous avais confié. On a très-bien et très-fidèlement représenté notre monument sur notre médaille, d'après la Pantographie et les indications que j'avais fournies. Je n'hésiterai pas à recommander votre Maison.

« J'ai l'honneur, etc.,
                   « E. COUTANCEAUX, curé de Saligny. »

                   « Perpignan.
« Monsieur,

« J'ai reçu en bon état les objets que j'avais eu l'honneur de vous demander.

« Les réparations ne laissent rien à désirer, mais le calice de l'école normale est un bijou que tout le monde vient admirer avec d'autant plus de raison, que le prix ne laissait point imaginer une ornementation de si bon goût et d'un si grand éclat.

« Je vous remercie bien sincèrement de vos soins et de votre empressement.

« Votre dévoué, etc.,   BOUCABEILLE,
                   « Curé de Saint-Jacques. »

                   « Bazoches-les-Hautes (Eure-et-Loir),
« Monsieur,

« J'ai reçu la porte de mon tabernacle que vous avez décorée ; je ne dirai pas qu'elle est bien, je puis dire qu'elle est magnifique, je suis heureux de ce beau travail.

« Votre, etc., etc.,   PASQUIER, curé. »

« Saint-Martin-de-Ré.

« Monsieur le Directeur,

« Je suis en effet très-content du goût artistique qui préside à tout ce qui sort de votre établis-ement. Je suis enchanté des restaurations que vous m'avez faites. Monsieur votre voyageur saisit admirablement les observations qu'on lui fait, et l'exécution est irré-prochable.

« Je suis, etc.,   F. MANSEAU, curé doyen. »

———

« Monsieur l'Administrateur,

« Je viens, quoiqu'un peu tardivement, vous ac-cuser réception des objets que nous vous avions con-fiés pour les faire réparer et réargenter. Le tout est très-beau, aussi nous en sommes très-satisfait.

« J'ai l'honneur, etc., etc.,   FRANÇOIS LAURENT,
      « Curé de Courban (Côte-d'Or). »
« Saint-Germain-de-Longue-Chaume.

———

« Monsieur le Directeur,

« Je vous envoie sous ce pli un mandat-poste de la somme de 48 fr. 85 cent., dont je vous suis rede-vable pour les magnifiques objets que vous m'avez envoyés et dont je suis on ne peut plus satisfait. J'espère d'ici à quelque temps vous faire d'autres commandes.

« Recevez, etc.,   LANGÉNIAULT,
      « Curé de Saint-Germain (Deux-Sèvres). »

———

« Pulligny, par Flavigny-sur-Mabille.
« Monsieur l'Administrateur,

« J'ai l'honneur de vous prévenir que vous pouvez faire immédiatement traite sur moi de la somme que je vous dois, pour la restauration du calice avec sa patène que vous m'avez retournés et que je viens de recevoir. Je suis on ne saurait être plus content. M. le curé et toutes les personnes qui l'ont vu en sont parfaitement enchantés.

« Nous vous adressons nos félicitations avec prière d'agréer, etc., etc.,   TH. CLÉMENT. »

———

« Abbeville,

« Monsieur le Directeur,

« J'ai l'honneur de vous accuser réception de votre envoi que j'ai reçu le 3 courant.

« Les éloges que vous recevez et que le *Rosier de Marie* se plaît à reproduire quelquefois vous sont bien dus. Car bien que les objets que je vous ai demandés soient de peu d'importance, je constate avec plaisir que leur forme est gracieuse et riche à la fois, et qu'ils sont supérieurs à ce que j'ai vu dans les magasins de notre ville à des prix plus élevés.

« Vous pouvez être assuré que je ferai tout ce qui dépendra de moi pour faire connaître votre bel établissement à cause de ses produits.

« Veuillez agréer, etc., etc.,   L. BAILLY,
          « Employé à la Recette d'Abbeville.»

———

« Saint-Jean-Puy-Gauthier.

« Monsieur le Directeur,

« Avant de vous en accuser réception, j'ai voulu faire voir à mes confrères voisins les deux objets de la Pantographie, coupe et bougeoir, que vous m'avez envoyés. Ils les ont trouvés fort beaux. Ils se font remarquer par l'élégance de la forme et la pureté des dessins. Je vous en remercie vivement. J'espère qu'il me sera possible un jour de vous faire quelques commandes plus importantes, j'engagerai mes confrères, le cas échéant, à recourir à vous.

« Je suis, avec un profond respect, votre très-humble serviteur,   PASSIEUX (JOSEPH),
          « Curé de Saint-Jean-Puy-Gauthier. »

———

« Chemillé (Maine-et-Loire).

« Monsieur l'Administrateur,

« Les colis me sont arrivés en bon état. Les objets contenus ont été trouvés bien beaux, et le travail admirablement fini, j'espère que bientôt il vous sera fait une demande plus importante.

« Agréez, Monsieur, etc., etc.,
          « BAGUENARD-GRENAUDIER. »

———

« Montclarat.

« Monsieur,

« Le calice en argent doré, style gothique, valeur de votre facture, vient de m'arriver aujourd'hui en très-bon état. Il me plaît beaucoup, je ne doute point que mes confrères ne l'apprécient comme moi.

« Merci mille fois de vous être donné la peine de me le faire consacrer.

« Vous pourrez, en faisant les comptes de semestre, retenir, conformément à votre facture, ce qui vous revient du calice.

« J'ai l'honneur, etc.,   VALESCURE, curé,
          à Montclarat, par Saint-Rome-de-Cernon
          (Aveyron). »

———

« Vallica (Corse).

« Monsieur,

« J'ai reçu de l'usine d'Ercuis les objets que je lui avais demandés par votre entremise. Je m'empresse de remercier bien vivement les administrateurs de la Société pour les objets qu'ils m'ont expédiés et de vous exprimer toute ma reconnaissance pour vos bienveillants procédés à mon égard.

« Vous croirez bien, Monsieur, que je n'ai pas manqué de faire voir mon service de table en minargent à mes amis et à mes connaissances. Je suis heureux de vous dire que tous ont été émerveillés. J'espère que cet envoi pourra donner occasion à de nouvelles commandes ; du moins, ferai-je tout mon possible pour en provoquer le plus grand nombre possible. Soyez assez bon, Monsieur, pour transmettre aux administrateurs de la Société pantographique mes remerciements les plus sincères.

« Agréez, Monsieur, l'hommage du profond, etc.,
          « FRANCESCHI, curé de Vallica,
          par Belgodève (Corse). »

———

« Orvaux.

« Monsieur l'Administrateur de l'usine d'Ercuis,

« Je ne puis me lasser d'admirer le calice de votre choix, il surpasse par sa beauté tout ce que je pouvais désirer.

« J'ai l'honneur d'être, etc.,   LEROY,
          « Curé d'Orvaux, par Conches (Eure). »

———

« Chauvency-le-Château (Meuse).

« Monsieur l'Administrateur,

« Avant de vous accuser réception de la caisse contenant les objets si impatiemment attendus, j'ai voulu avoir l'avis de plusieurs personnes. Je suis heureux de vous dire que nous sommes tous d'accord pour admirer et la beauté du travail et la modicité du prix.

« Votre ostensoir n° 562 est magnifique, et les objets réargentés par vous n'étaient certainement pas plus beaux la première fois qu'ils ont servi.

« Je suis avec honneur et respect, Monsieur l'administrateur, votre, etc.,

« Frignet, curé de Chauvency. »

———

« Saint-Sauvant (Charente-Inférieure),

« Monsieur,

« J'ai l'honneur de vous adresser par la poste le montant de votre facture pour les croix que vous m'avez envoyées.

« Je suis très-content de votre envoi. Ces croix sont belles et d'un prix peu élevé. Je ne manquerai pas de m'adresser à vous quand j'aurai besoin, et de faire connaître votre Maison à mes confrères.

« Votre très-humble serviteur,

« A.-I. Bonnet. »

———

« M., ce 29 novembre 1874.

« Monsieur l'Administrateur,

« J'ai hâte de vous accuser réception de votre honorée lettre, de votre facture et de votre envoi du 24 novembre ; il est arrivé intact samedi 28.

« Nous sommes très-satisfaites de votre travail, l'ostensoir est magnifique et bien réparé, notamment le croissant.

« Nous serons heureuses quand nous pourrons vous donner de nouveaux ordres ou vous en procurer.

« Agréez, etc.,   Sœur R., supérieure,

« Communauté de l'Union-Chrétienne, à M. »

———

« Giffaumont (Marne).

« Monsieur l'Administrateur,

« Nous avons reçu d'Ercuis, bien conditionné, le calice qu'on a bien voulu nous réargenter et le ciboire argent qu'on nous a doré.

« Ces deux objets sont de toute beauté. Ils sont admirables tant par leur beauté que par la perfection du travail.

« Le ciboire est digne de figurer à côté du beau calice, style gothique, que nous avons reçu l'an dernier de la même usine. Ces deux pièces en vermeil font l'admiration de tous, tant par leur richesse que par la beauté du travail.

« Nous n'avons qu'à nous féliciter de nous être adressés à Ercuis.　　　　　CHARIOT, curé. »

———

« Tonnay-Charente.

« Monsieur l'Administrateur,

« J'ai bien tardé à vous accuser réception de mon ostensoir que vous avez si bien fait réparer, ainsi que des autres objets qui sont tous d'un très-bon goût.

« Je vous suis très-reconnaissant.

« Recevez, etc., etc.,　　　　P. ROBERT, curé. »

———

« Homps, par Montfort-du-Gers.

« Monseigneur,

« Dites, je vous prie, mille fois merci de ma part à M. l'administrateur de la Pantographie, car pour la somme de 155 francs, il vient de m'expédier un magnifique calice doré qui m'eût coûté au moins 200 francs dans toute autre maison. Tous ceux de mes confrères qui l'ont vu et admiré ont été obligés d'en convenir.

« Honneur à la Pantographie! Honneur à vous, Monseigneur, qui, en patronnant une des plus belles inventions du siècle, n'avez eu nullement en vue votre intérêt propre, mais uniquement le bien des églises pauvres!

« Recevez, Monseigneur, avec mes remercîments, mes sincères sentiments de respect, d'estime et d'affection,　　　　　　F. OULÉ, curé. »

———

« Grignan (Drôme).

« Monsieur l'Administrateur,

« Votre envoi m'est parvenu en son temps.

« On ne peut rien trouver de plus beau et de meilleur marché que vos produits, aussi j'ai vivement regretté de n'avoir pas reçu à temps l'Album que j'avais eu l'honneur de vous demander.

« Je ne pouvais attendre cette époque pour les petites étrennes que j'avais à donner; je m'adressai, en conséquence, à une maison de Paris qui, m'avait-on dit, pouvait défier toute concurrence.

« Je suis heureux de vous dire que cette maison ne peut rivaliser avec l'usine d'Ercuis : ce que vous faites est mieux, avec une différence du prix d'un tiers en moins à peu près.

« Veuillez donc agréer mes félicitations et mes regrets de m'être trouvé dans l'impossibilité de vous adresser une commande plus considérable.

« Je suis, avec la plus haute considération, Monsieur l'Administrateur, votre, etc., etc.,

« Veuve GAUTIER, receveuse des postes,
à Grignan (Drôme). »

———

« Monsieur,

« J'ai reçu en très-bon état le ciboire que vous avez eu la bonté de m'envoyer.

« J'en suis plus que content, je ne m'attendais pas à un objet si beau.

« Je vous en remercie vivement.

« Je voudrais vous prier de m'envoyer un Album, si cela vous était possible, pour un curé de mes voisins qui a l'intention de vous acheter un calice et autres objets précieux.

« J'ai l'honneur, etc.,   FAU, curé au Rialet,

« canton de Mazamet (Tarn). »

———

« Saint-Pierre-de-Trévisi (Tarn),

« Monsieur,

« J'arrive du Rialet, mon ancienne paroisse, j'ai remis à mon successeur, l'abbé Fraul, le magnifique petit calice que je vous avais demandé et qui m'est arrivé sans avarie. Tout le monde l'a trouvé fort beau et bien solide ; à cette occasion, M. le curé m'a prié de vous demander un ciboire de même genre, style roman.

« Daignez agréer, etc., etc.,

« P.-C. Gilard, curé. »

———

« Fiennes (Nord).

« Monsieur,

« Mes calices sont superbes, on est très-satisfait.

« Veuillez recevoir toute ma reconnaissance et mes meilleurs sentiments,

« L'abbé Autricque, curé. »

———

« Chenex (Haute-Savoie).

« Monsieur l'Administrateur,

« J'ai le plaisir de vous annoncer que j'ai reçu en bon état la caisse qui m'a été expédiée de l'usine d'Ercuis, contenant un calice et sa patène, un bénitier et goupillon. Je suis content de ces objets, surtout du calice.

« Deux curés de mes voisins en ont été satisfaits.

« Recevez, Monsieur l'Administrateur, etc., etc.,

« Boéjat, curé. »

———

« Ciry-le-Noble (Saône-et-Loire).

« Monsieur,

« Je vous adresse mes félicitations pour les médailles et cuillères à café. Elles sont très-bien.

« Vos médailles sont d'un si bon métal, que celles que je possède depuis deux ans sont toujours aussi belles et aussi brillantes, avantage qui n'existe pas dans les médailles ordinaires.

« J'ai l'honneur d'être, etc., Charlet, curé de Ciry-le-Noble (Saône-et-Loire).»

———

MODÈLES DIVERS
SERVICE D'ÉGLISE

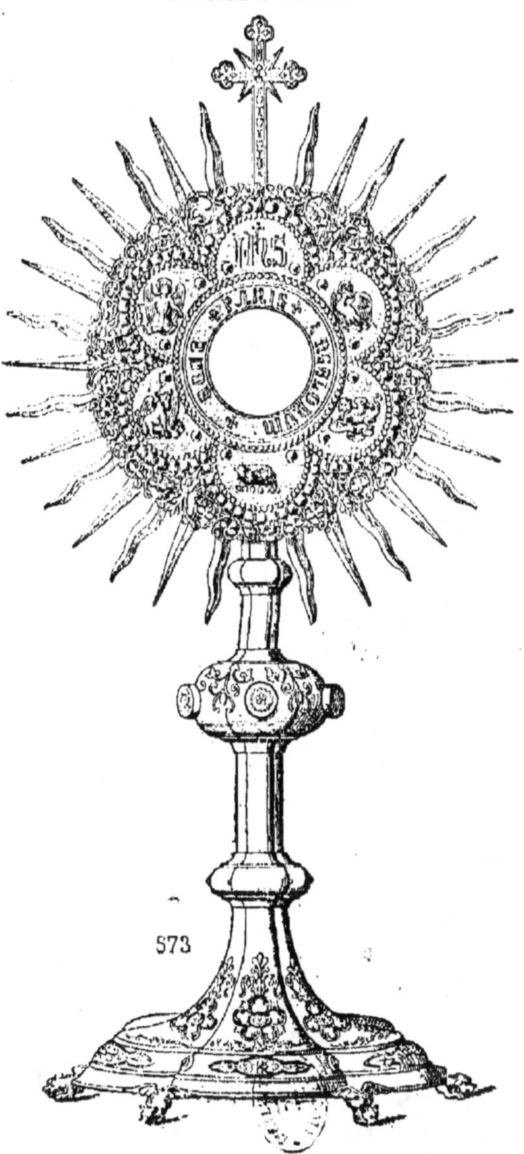

573

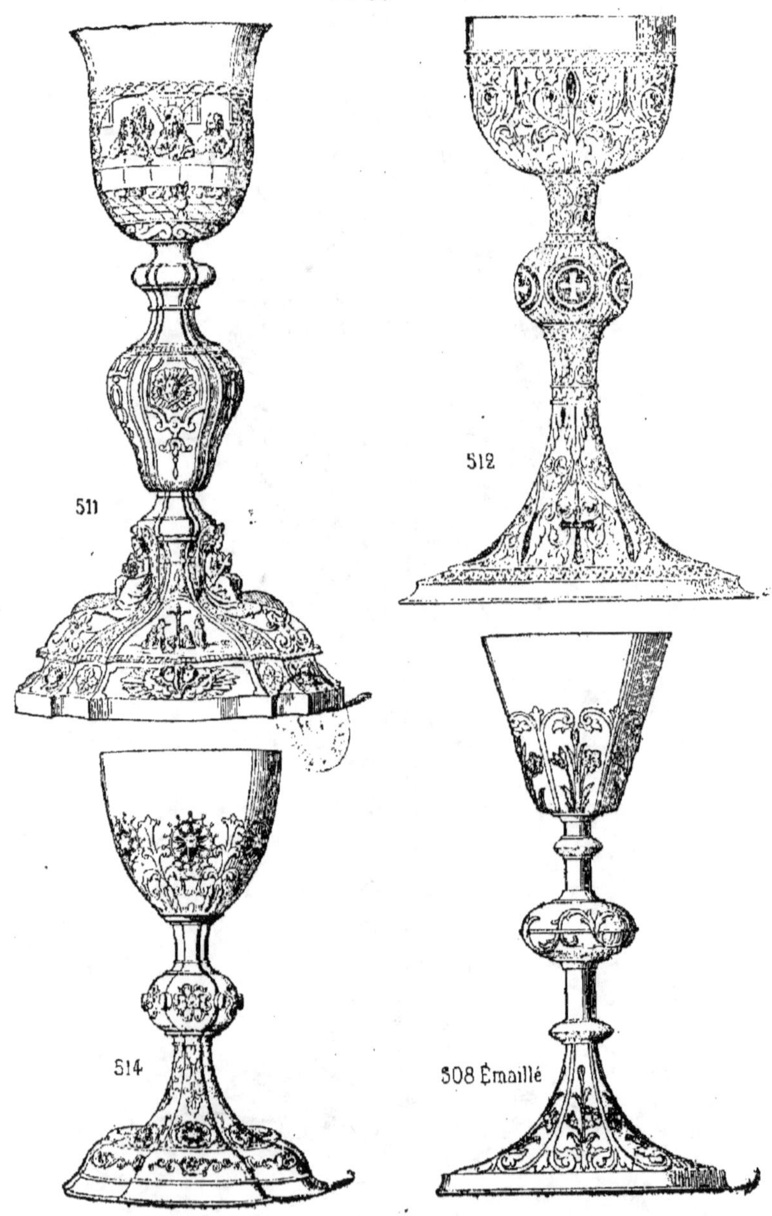

511
512
514
308 Émaillé

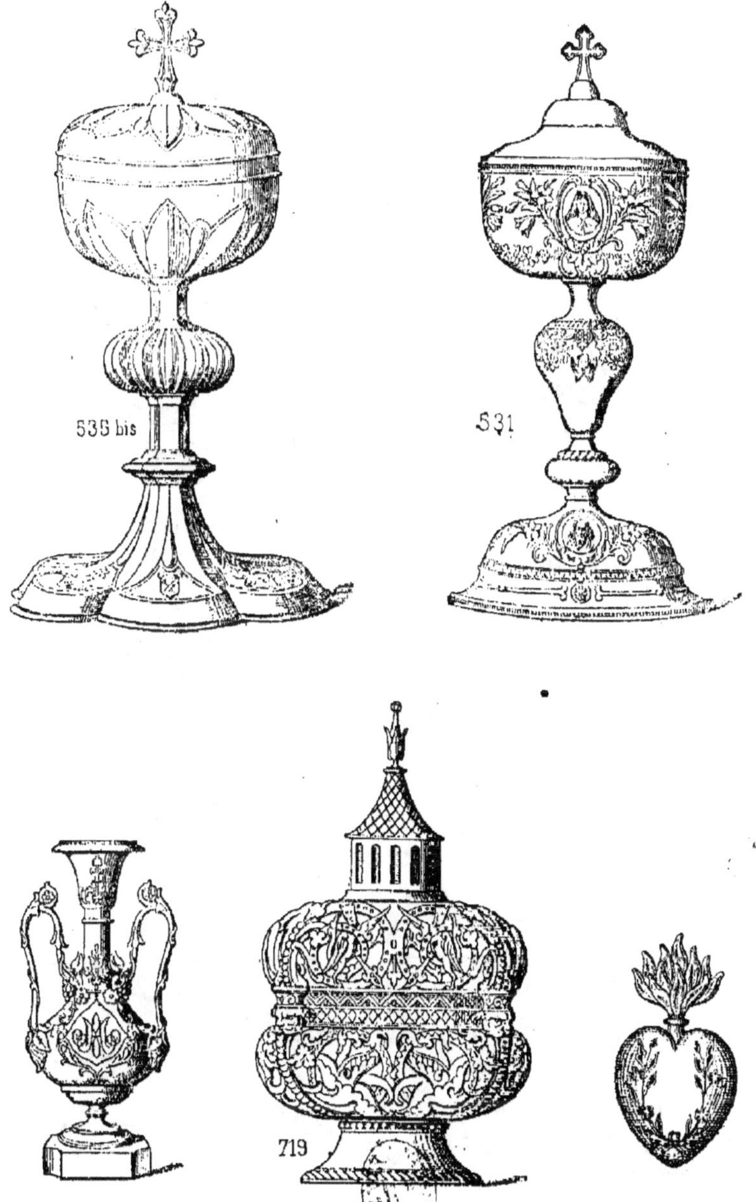

536 bis
531
719

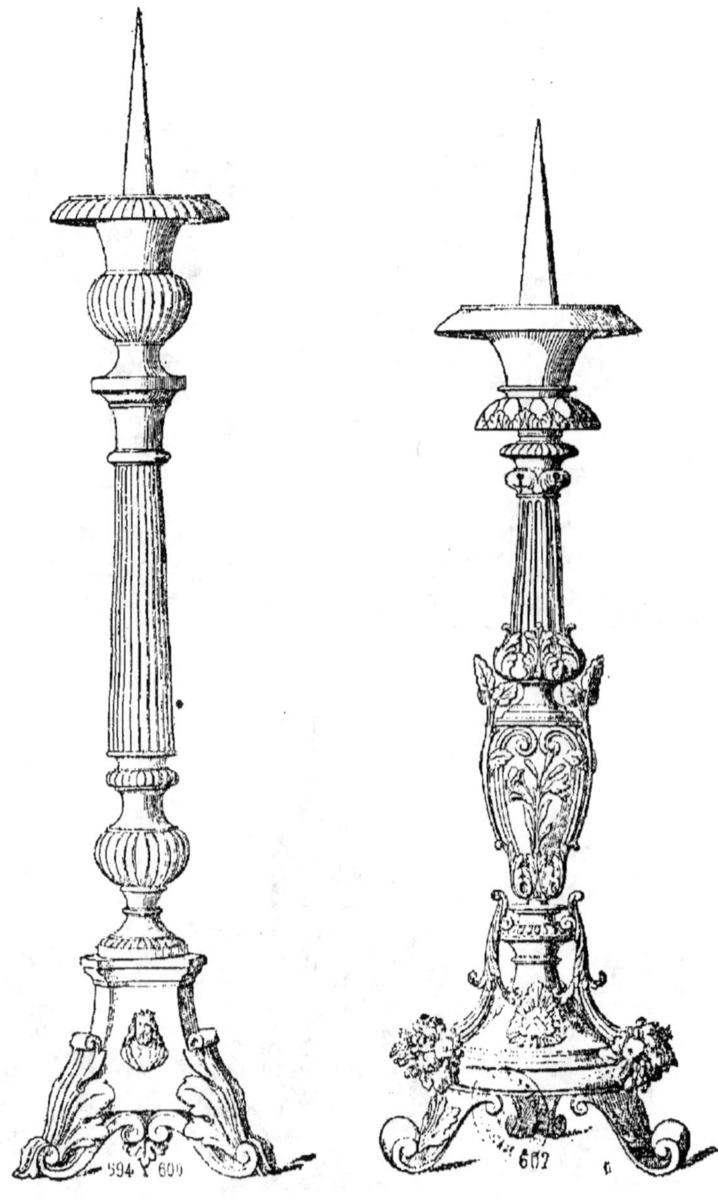
594 Y 600
607

SERVICE D'EGLISE ET SERVICE DE TABLE

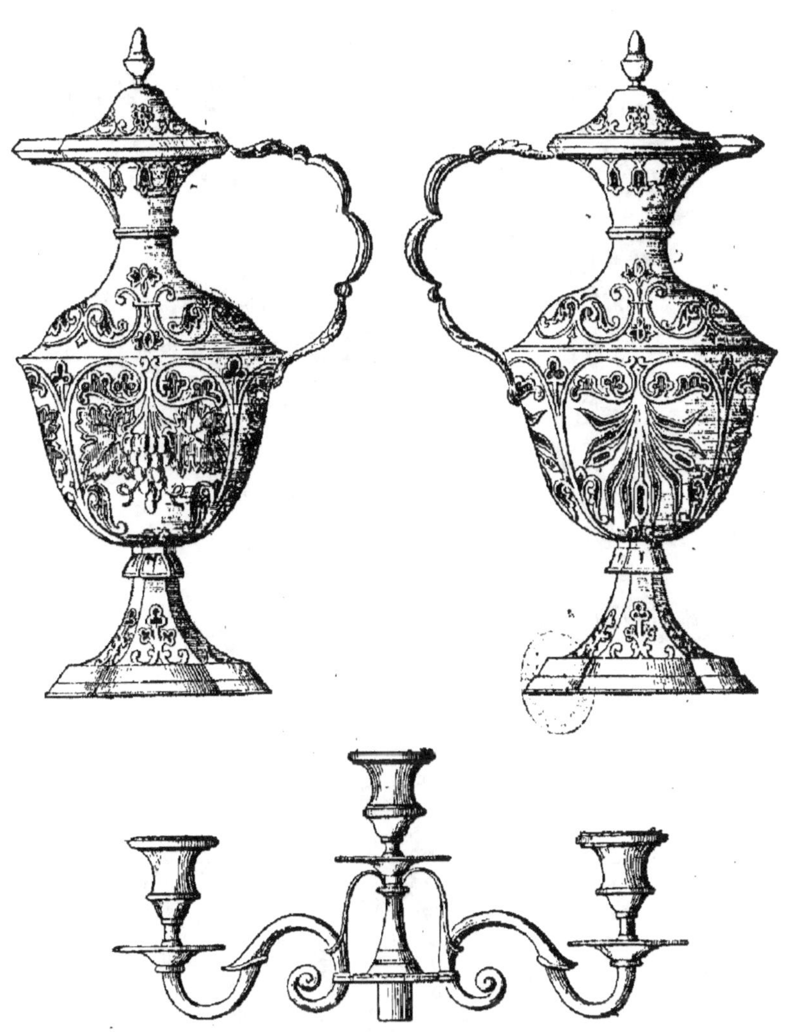

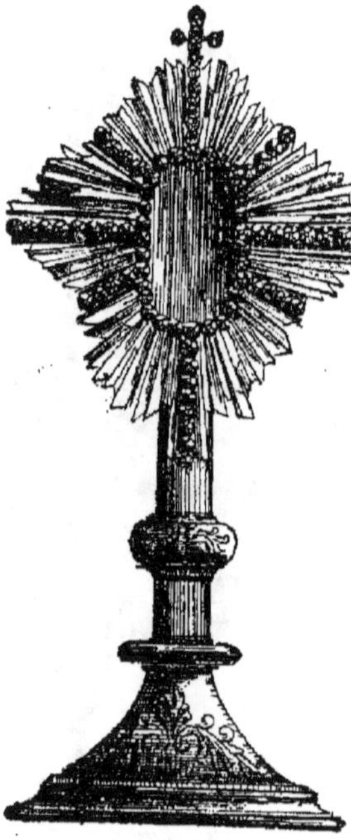

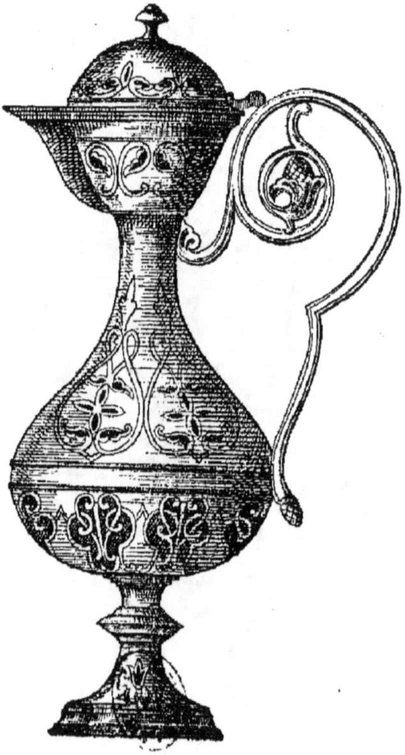

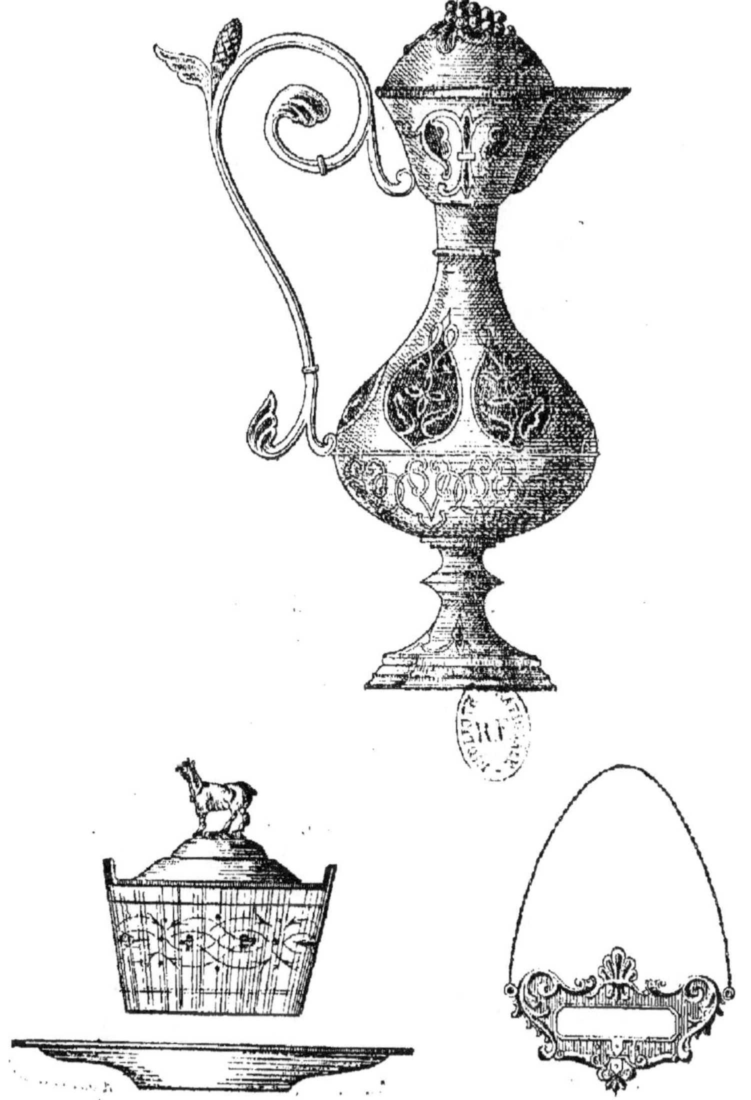

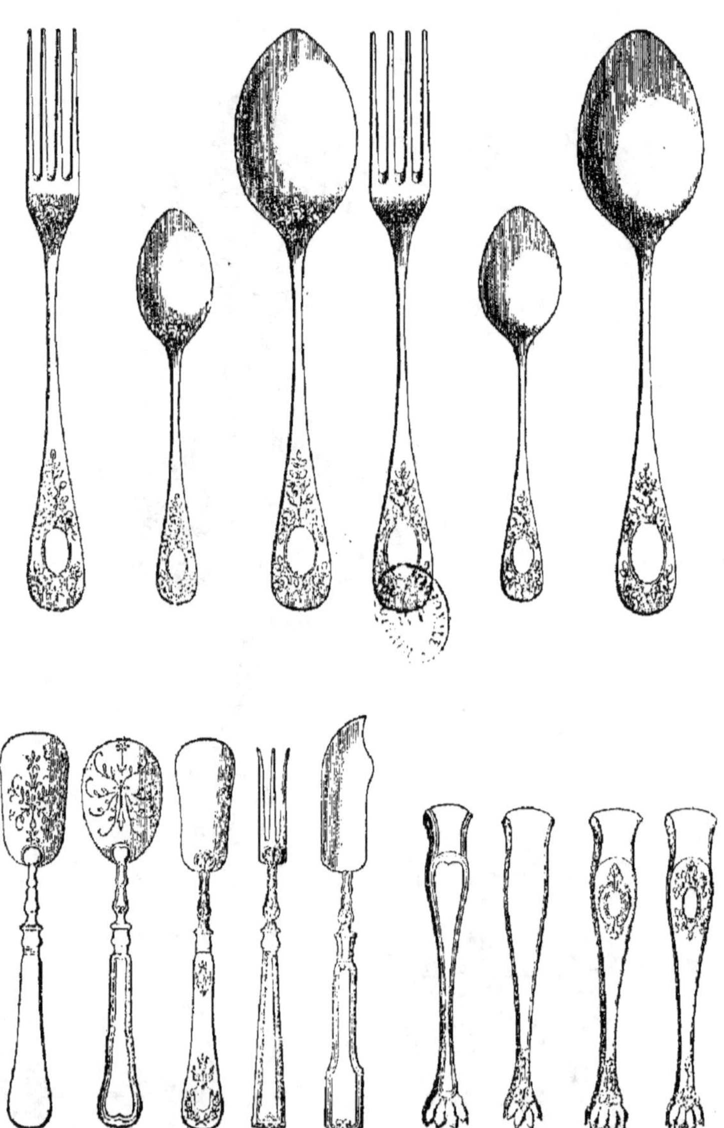

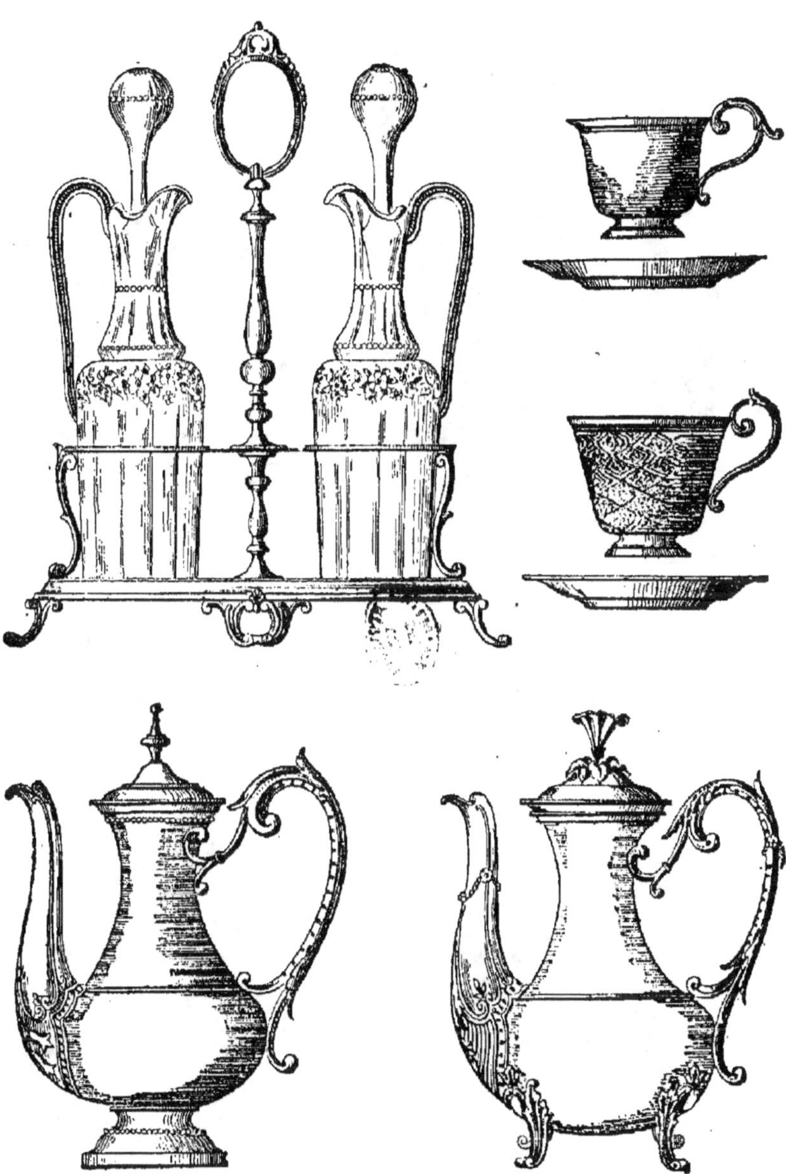

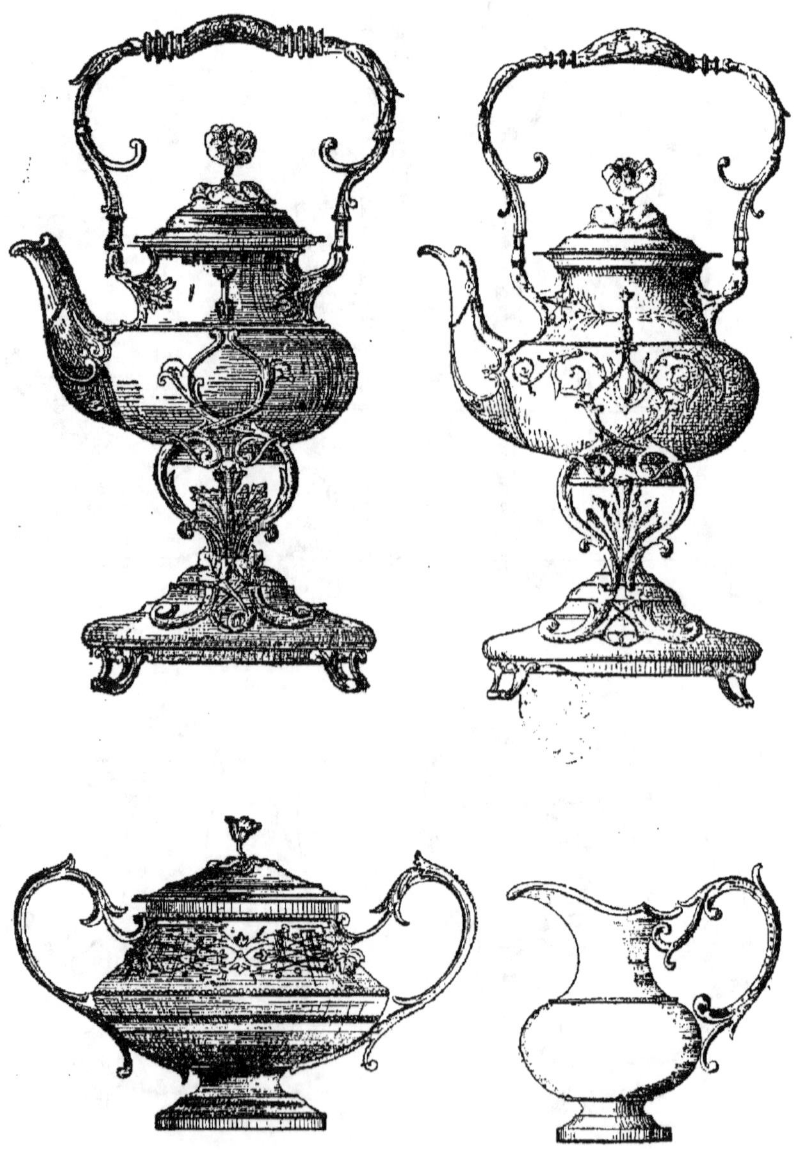

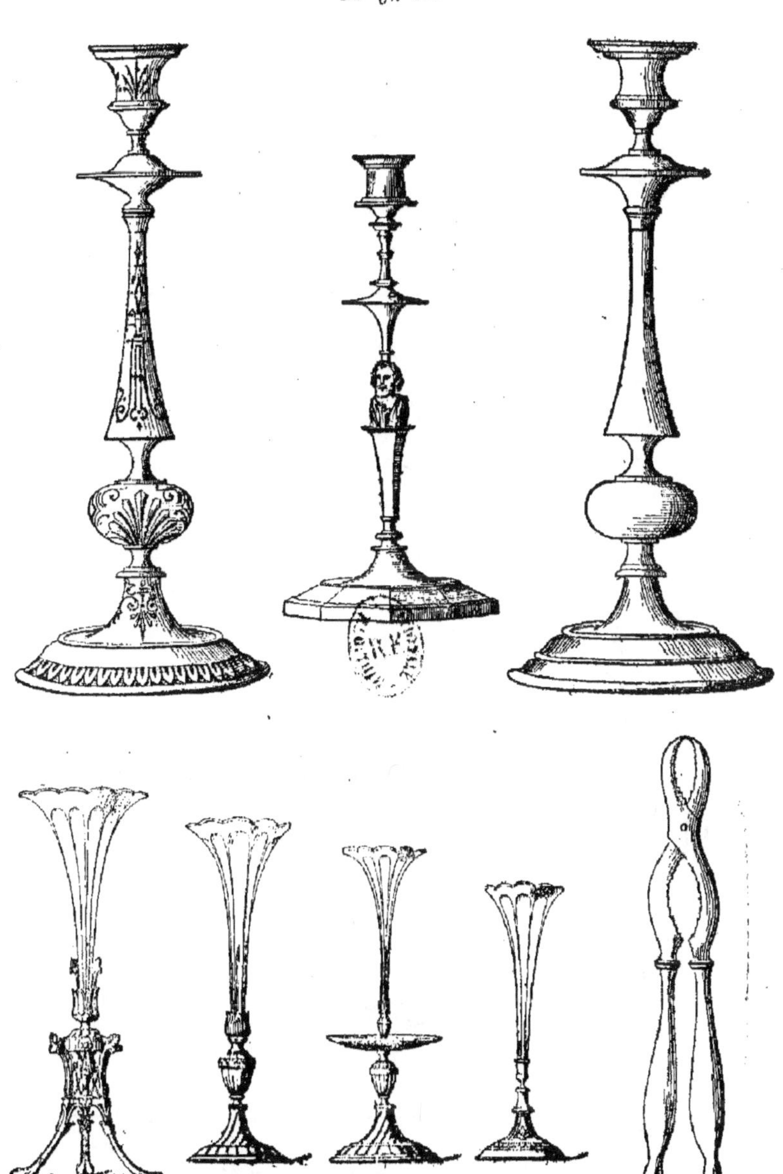

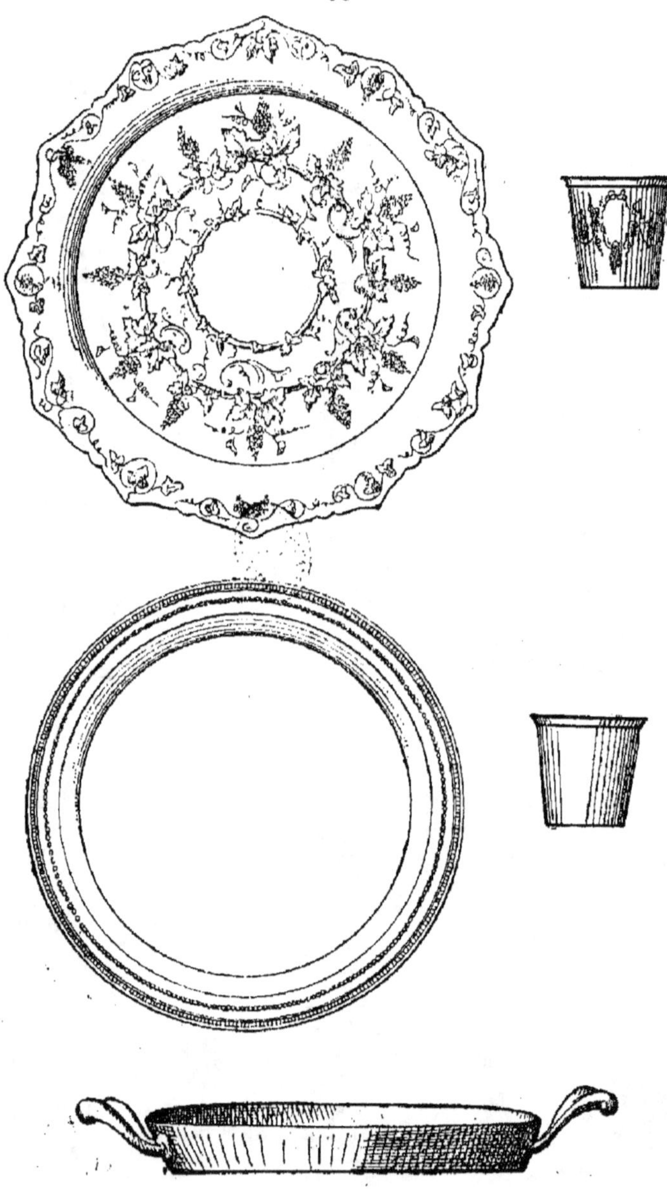

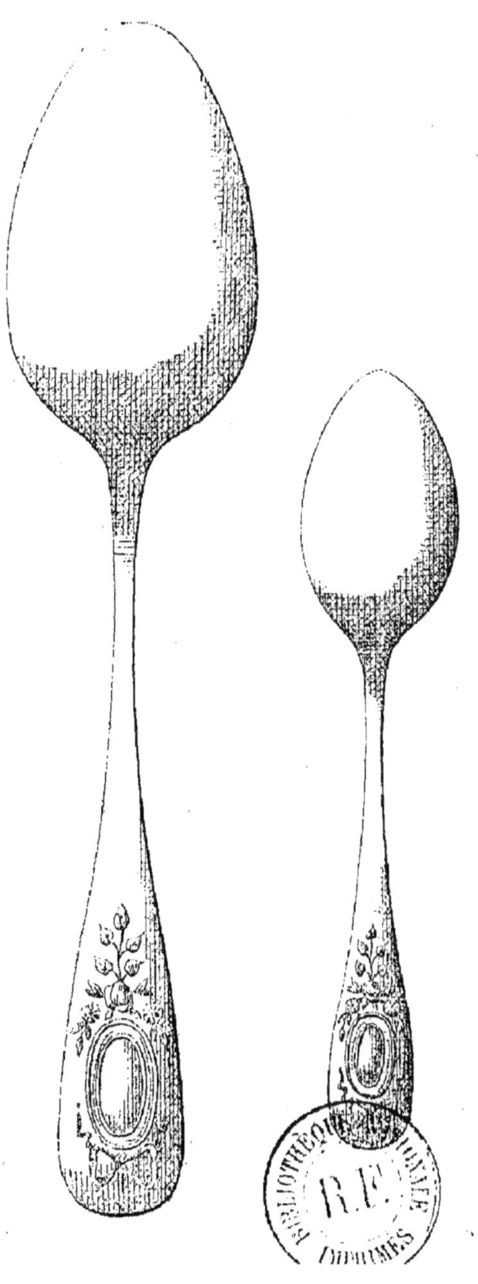
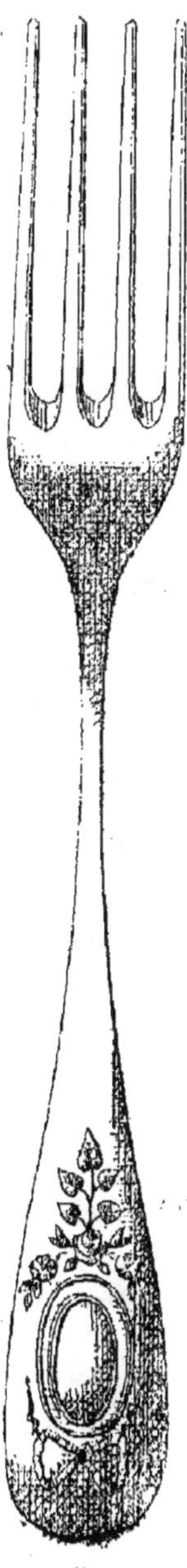

En terminant, nous croyons utile de remettre sous les yeux de nos lecteurs l'article publié le 14 octobre 1873, par le *Rosier de Marie*, parce qu'il répond à des objections qui peuvent nous être faites journellement.

« Nous recevons des différents points de la France, des communications relatives à la Pantographie. Il paraît qu'une certaine classe de commerçants ne lui ménage ni les invectives ni les calomnies. Loin de nous en attrister, ces choses ne font que nous réjouir. On ne s'acharne pas à l'insecte qui vit tranquillement sous la feuillée; l'homme ne poursuit que ce qui a un mérite quelconque, et le commerçant ne fait la guerre qu'à celui dont il craint la supériorité.

« Nous ne pouvons cependant nous empêcher de réfuter certaines insinuations, lancées à dessein, parce qu'elles pourraient surprendre la bonne foi des acheteurs.

Extrait de la lettre de notre dépositaire de Besançon,
Grande-Rue, 71.

« Je viens de recevoir une lettre d'Avignon, qui me rend
« compte d'un incident arrivé au grand séminaire, où j'avais
« fait exposer quelques objets de la Pantographie. Ces Mes-
« sieurs paraissaient émerveillés, lorsqu'après deux jours d'ex-
« position un concurrent envieux a présenté deux Ostensoirs et
« deux Calices, et a cherché à persuader à ces Messieurs qu'il
« y avait du plomb dans la fabrication des nôtres. »

« Nous répondons que c'est un insigne mensonge; la pantographie ne se sert pas de plomb dans la fabrication des vases sacrés : nous en appelons à tous ceux qui se sont servis chez nous. On peut analyser nos produits, les limer, les fondre, etc. A ceux qui ont avancé cette calomnie, nous leur jetons le défi de la prouver.

« Pour notre compte, nous ne suivrons jamais cette ligne; nous ne déprécions personne : il y a place au soleil pour tout le monde sur le sol de France, chacun peut faire ses affaires, *quand il est de bonne foi.* Nous dirons seulement aux acheteurs : *Vous en avez pour votre argent !* Si vous payez un couvert 3 fr. 50, tenez-vous pour assuré qu'il est blanchi et non argenté. Si vous achetez un calice 50 ou 60 francs, soyez certain qu'il ne vaut pas un centime de plus, et qu'il vous fera un usage en conséquence.

« Dans plusieurs villes de France, des commerçants, des boutiquiers, qui n'ont jamais eu de rapports avec la Pantographie, vendent de vils produits, assurant qu'ils viennent de chez nous, prouvant ainsi leur infériorité avec les produits des maisons rivales.

« Ce procédé de mauvaise foi ne peut surprendre que les simples, car tout acheteur sait qu'il peut exiger le poinçon (P. V.) sur tout article du service de table, grand ou petit. Quant à l'orfévrerie d'église, la Pantographie ne fait point la pacotille; tous ses articles sont perfectionnés avec un soin infini, soit que les vases sacrés soient en émail ou simplement en Pantographie. Tout le monde sait maintenant que la Pantographie est un relief qui imite la ciselure la plus perfectionnée, et pour les émaux, aucune maison ne peut les faire comme nous, ne possédant pas notre procédé, qui est breveté; ils peuvent simplement décorer leurs vases sacrés de médaillons, pas davantage.

« Et, du reste, si la Pantographie restaure dans une perfection qui lui vaudra bientôt la clientèle de tout le clergé, les vases et ornements d'église, quand elle a, bien souvent à travailler des alliages de métaux de toute nature, à faire disparaître les soudures à l'étain, des raccommodages faits par des aventuriers de passage, à plus forte raison doit-elle réussir dans ses propres produits, pour lesquels elle n'emploie que des métaux de premier choix, épurés avec un soin infini, quand le pied est en métal.

« A l'appui de notre précédente assertion, nous ne citerons qu'une lettre qui nous arrive à l'instant; nous en avons déjà cité cent autres pareilles, mais craignant d'ennuyer nos lecteurs nous avons provisoirement suspendu la publication de ces documents qui *font notre force*, et que *nous conservons précieusement*.

« Heilles, 28 septembre 1873.

« Monsieur l'Administrateur de l'Usine d'Ercuis (Oise),

« Je suis très-satisfait de la manière riche dont vous avez
« traité mon Calice et ma Croix. Tout ce que vous touchez
« devient or.

« J'attendais ce nouvel envoi pour vous remercier de ma
« Lampe redorée, elle aussi en entier, et dont le brillant éclat
« est encore aussi vif que le premier jour. Même témoignage à
« vous rendre pour la solidité de l'argenture des Chandeliers de
« Sainte-Philomène; c'est vous dire toute ma satisfaction, tant
« pour la beauté que pour le prix de vos produits, et l'accueil
« que je ferai à votre traite.

« J'ai l'honneur, etc.

« BLOCHET,
« curé d'Heilles (Oise). »

Dans une certaine contrée de la France, une insinuation malveillante a avancé que la Pantographie vendait des vases d'argent surchargés de cuivre pour un poids total d'argent, trompant ainsi le public par une manœuvre frauduleuse. On répond à de telles attaques en *leur jetant au front un défi formel* de prouver ce qu'elles avancent.

La Pantographie, ou décor, se fait en argent sur les pièces en argent, en cuivre sur les pièces en métal, et si, pour répondre aux désirs de l'acheteur, on dépose les reliefs en cuivre sur une pièce en argent, on ne fait payer que le poids intrinsèque de l'argent et non celui de l'alliage déposé.

Quant aux réparations, nul ne peut nous surpasser sur cet article.

Elle réargente et dore toutes les pièces qui lui sont confiées.

La réargenture se fait à raison de 50 centimes du gramme déposé, non compris le bruni, et la dorure, à raison de 6 et 8 francs le kilogramme, également non compris le bruni.

Les Chandeliers repoussés, offrant beaucoup de volume et peu de poids, sont réargentés approximativement aux prix suivants :

CHANDELIERS

De 40 à 45 centimètres de hauteur	la pièce	15 fr.
De 55 à 60	—	—	18
De 60 à 65	—	—	20
De 70 à 75	—	—	25
De 80 à 90	—	—	30
De 1 mètre environ de hauteur	—	40

Les prix de réargenture des Lampes varient selon leur grandeur, la quantité de lumières et les ornements à dorer qui s'y adaptent.

Les Calices, Ciboires, Ostensoirs et Burettes se redorent aux prix suivants :

CALICE AVEC SA PATÈNE

De 18 à 20 centimètres.................................. 20 fr.
De 20 à 26   —   25
De 26 à 30   —   30
De 30 à 32   —   35

CIBOIRES

De 18 à 20 centimètres.................................. 20 fr.
De 20 à 26   —   25
De 26 à 30   —   30
De 30 à 32   —   35

OSTENSOIRS

De 45 à 60 centimètres........................... 35 à 40 fr.
De 60 à 75   —   .... 40 à 45
De 75 à 90   —   .... 50 à 65
BURETTES AVEC PLATEAUX, de............... 20 à 35

Les prix des réparations, qui peuvent être plus ou moins grandes, ne peuvent être indiqués à l'avance ; ils sont toujours consciencieux.

Lorsque la coupe du calice est forte on peut la pantographier et quelquefois l'émailler. Les prix varient alors, en plus de la dorure, de 25 à 100 francs, selon les ornements qui sont demandés. Si la coupe est faible on ne peut y faire que des ornements en gravure et ciselure pour 10, 15, 20 et 30 francs.

Il est rare qu'un ostensoir puisse être pantographié, mais on peut émailler la custode et la croix, les enrichir de pierres et aussi les ciseler ou graver.

RÉARGENTURE

Couverts de table, réparation, argenture 72 gr...		la douzaine	36 »
Cuillères à café,	—	—	18 ...	—	10 »
— à potage,	—	—	8 ...	la pièce	6 »
— à ragoût,	—	—	6 ...	—	3 »

GROSSE ET PETITE ORFÉVRERIE

Réargenture............................ le gramme » 50
Réparation en plus.. » »

OBSERVATION IMPORTANTE

Il arrive parfois que les pièces nouvellement argentées prennent une teinte rougeâtre ou noirâtre au bout de quelque temps; plusieurs personnes nous ont même adressé des reproches à ce sujet, croyant déjà l'argent disparu.

Nous leur avons répondu que cela nous arrive journellement dans nos Magasins, même pour de l'argent pur; il suffit d'un peu d'humidité, de vapeur, d'une odeur quelconque, du gaz, par exemple, même l'odeur de la cuisine.

Pour faire disparaître cet inconvénient, il suffit de recourir à l'emploi de la **Poudre de Bülher**, le meilleur des spécifiques connus.

Une boîte de cette Poudre peut entretenir l'argenterie d'une maison pendant toute une année.

Prix de la Boîte . . . . . 1 fr.
— de la demi-Boîte . . 50 cent.

Une Instruction accompagne la Boîte.

Le port est en sus, 35 cent. pour les Boîtes, et 25 cent. les demi-Boîtes.

TARIF DES CROIX, CŒURS, ÉCUSSONS,

DÉSIGNATION des OBJETS	INDICATIONS DIVERSES	ARGENTÉS ou DORÉS	PRIX		
			DE LA grosse	DE LA douzaine	DE LA pièce
Grandes croix Pontmain.	cuivre	argentées.	36 »	»	»
Grandes croix Pontmain.	minargent	argentées.	65 »	»	»
Croix bélières, ovales pour chapelets	33 millimètres	argentées.	45 »	4 »	»
	33 millimètres	dorées	60 »	5 50	»
	42 —	argentées.	70 »	6 50	»
	42 —	dorées	90 »	8 »	»
Croix étroites en minargent	nº 1, sans Christ	argentées.	22 »	»	»
	nº 1, sans Christ	dorées	26 »	»	»
	nº 1, avec Christ	argentées.	30 »	»	»
	nº 1, avec Christ	dorées	34 »	»	»
Croix plates à filet en minargent	nº 54	argentées.	42 »	4 »	»
	nº 54	dorées	46 »	4 25	»
	55	argentées.	50 »	4 25	»
	55	dorées	44 »	4 50	»
	56	argentées	48 »	4 »	»
	56	dorées	48 »	4 25	»
	57	argentées.	52 »	4 25	»
	57	dorées	52 »	4 50	»
	58	argentées.	56 »	4 50	»
	58	dorées	»	4 75	»
Croix bois en minargent	nº 60, 21 millim.	argentées.	»	3 »	»
	nº 60, 21 millim.	dorées	»	3 50	»
	61, 27 —	argentées.	»	4 »	»
	61, 27 —	dorées	»	4 50	»
	62, 34 —	argentées.	»	4 50	»
	62, 34 —	dorées	»	5 »	»
Croix quatre boules	nº 59	argentées.	»	3 »	»
	nº 59	dorées	»	3 50	»
Croix Jeannette	64	argentées.	»	3 »	»
	64	dorées	»	3 50	»
Croix émaillées pour porter au cou	nº 7, 13, 26, 41	dorées	»	10 »	1 »
	9,11,27,28,48,53.	dorées	»	13 »	1 25
	15,16,18,19,20,21,22 40,44,49,50,51,52,90	dorées	»	15 »	1 50
	Mêmes nos, pointil.	dorées	»	18 »	1 75
	32, 91	dorées	»	18 »	1 75
	24, 29, 31	dorées	»	18 »	1 75
	29, à jour	dorées	»	21 »	2 »
	25,33,34,36,37,45,46,92.	dorées	»	21 »	2 »
	Mêmes nª, pointil.	dorées	»	24 »	2 50
	74	dorées	»	20 »	2 »
	43	dorées	»	36 »	3 25
	Même nº, pointil.	dorées	»	39 »	3 50

CHAPELETS, MÉDAILLONS, BOUTONS, ETC., ETC.

DÉSIGNATION des OBJETS	INDICATIONS DIVERSES	ARGENTÉS ou DORÉS	PRIX		
			DE LA grosse	DE LA douzaine	DE LA pièce
Croix Chambord.......	n° 47............	dorées ...	»	24 »	2 25
Croix à perles........	65............	argentées.	»	3 »	»
		dorées ...	»	3 50	»
Croix bâton unies	63............	argentées.	»	3 »	»
		dorées ...	»	3 50	»
Croix 4 étoiles émaillées.	1	argentées.	»	5 50	» 50
		dorées ...	»	6 20	» 60
Croix gothiques émaill.	5............	argentées.	»	7 »	» 65
		dorées ...	»	8 »	» 80
Croix d'école en minargent.............	1............	argentées.	»	5 »	»
		dorées ...	»	6 »	»
	2............	argentées.	»	6 »	»
		dorées ...	»	7 »	»
	3............	argentées.	»	8 »	»
		dorées ...	»	9 »	»
	2 avec couronne.	argentées.	»	11 »	»
		dorées ...	»	12 »	»
	3 avec couronne.	argentées.	»	12 »	»
		dorées ...	»	13 »	»
Grands chiffres Marie avec ornements à jour, pour congrégations et pensionnats.........	5 centimètres ..	argentés..	»	22 »	» »
	n° 1 émaillés......	dorés	»	30 »	2 75
Médaillons de 32 millim.	2 reliquaires émaillés......	dorés	»	30 »	2 75
	Non émaillés...	dorés	»	24 »	2 25
— de 32 —	avec pet. appliques.	dorés	»	27 »	2 50
— de 34 —	avec gr. appliques.	dorés	»	30 »	2 75
Id. ronds de 23 —	émaillés	dorés	»	24 »	2 25
	reliquaire ovale....	argentés .	»	27 »	2 50
Médaillons à verre (comte de Chambord).......	25 millimètres.....	dorés	»	18 »	1 75
Cœurs pour chapelets, avec Vierges miracul.	n° 1, 13 millim...	argentés..	4 75	»	»
	2, 15 — ...	argentés .	5 50	»	»
	2, 18 — ...	argentés .	6 50	»	»
Têtes d'anges massives pour chapelets........	....	argentées.	»	2 »	»
		dorées ...	»	2 50	»
Cœurs avec chiffres de Jésus et de Marie....	n° 206..........	dorés	»	4 »	»
		argentés .	»	3 50	»
Grands Cœurs non ouvrants, n° 162..	émaillés......	dorés	»	18 »	»
		dorés	»	12 »	»
	....	argentés .	»	10 »	»

TARIF DES CROIX, CŒURS, ÉCUSSONS,

DÉSIGNATION des OBJETS	INDICATION DIVERSES	ARGENTÉS ou DORÉS	PRIX		
			DE LA GROSSE	DE LA DOUZAINE	DE LA PIÈCE
Fleurs de lis..........	n° 181.............	dorées ...	»	6	»	»
	181.............	oxydées ..	»	6	»	»
	182.............	argentées.	»	5 50	»
Écussons au chiffre de Marie pour remplacer les cœurs de chapelets...	émaillés............	argentés..	»	9	»	»
		dorés	»	10	»	»
Chapelets en minargent montés avec croix et cœurs.............	n° 1.............	argentés .	»	41	»	3 75
	2.............	argentés .	»	44	»	4 »
	3.............	argentés .	»	51	»	4 50
	O.............	argentés .	»	33	»	3 50
	P.............	argentés .	»	35	»	3 25
Chapelets non montés sur fil........	1.............	argentés .	»	30	»	2 75
	2.............	argentés .	»	33	»	3 »
	3.............	argentés .	»	42	»	3 75
	O.............	argentés .	»	23	»	2 50
	P.............	argentés .	»	26	»	2 25
Fil minargent pour chapelets.............	le kil., argenté, 20 fr.	....	»	»	»
	le gramme.... 3 c.	....	»	»	»
	le kilog., dorure ordinaire ... 39 fr.	....	»	»	»
	le gramme.... 4 c.	....	»	»	»
	le kilog., dorure forte...... 50 fr.	....	»	»	»
	le gramme.... 6 c.	....	»	»	»
Œufs pour chapelets en Burgos.............	n° 1.............	....	»	8 50	» 75
	2.............	....	»	10 50	1 »
	3.............	....	»	13 50	1 25
	4.............	....	»	16 50	1 50
Œufs en coco.........	unis.............	....	»	5 50	» 50
	guillochés.........	....	»	6 50	» 60
Vierges breloques, n° 3.	32 millimètres.....	argentées.	»	4	»	»
		dorées ...	»	4 50	»
Breloques trois-vertus..	n°s 70, 71, 72.....	argentées.	»	10	»	»
		dorées ...	»	11	»	»
Petits cœurs non ouvrant	77.............	argentés..	»	2	»	»
		dorés	»	2 25	»
Cœurs non ouvrants avec chiffre de Marie doré,	68.............	argentés..	»	3 50	»
		dorés	»	4 25	»
Vierges en minargent.. (10 cent. de hauteur)	sur pied albâtre ...	argentées.	»	15 »	1 50
		dorées ...	»	17 50	1 75
Vierges en minargent.. (8 cent. de hauteur)	sur pied albâtre ...	argentées.	»	13 50	1 25
		dorées ...	»	16 »	1 50

CHAPELETS, MÉDAILLONS, BOUTONS, ETC., ETC.

DÉSIGNATION des OBJETS	INDICATIONS DIVERSES	ARGENTÉS ou DORÉS.	PRIX		
			DE LA grosse	LE LA douzaine	DE LA pièce
Vierges en minargent.. (6 cent. de hauteur)	sur pied albâtre...	argentées.	»	7 50	» 75
		dorées ...	»	8 »	1 »
Vierges en minargent.. (10 cent. de hauteur)	sur pied faon ivoire guilloché.......	argentées.	»	20 »	2 »
		dorées ...	»	24 »	2 25
Ecrins avec Vierges...	5 centimètres......	argentées.	»	18 »	1 75
		dorées ...	»	20 »	2 »
	4 —	argentées.	»	17 »	1 75
		dorées ...	»	19 »	2 »
Grandes Chapelles avec Vierges minargent...	façon ivoire guillo-chées, 15 cent. 1/2.	argentées.	»	66 »	6 »
		dorées ...	»	72 »	6 50
Niches tournantes avec Vierges	façon ivoire, 8 cent.	argentées.	»	33 »	3 25
		dorées ...	»	35 »	»
Chapelles.	façon ivoire, 8 cent.	argentées.	»	43 »	2 50
		dorées ...	»	24 »	»
Bagues trois-vertus avec chatons à chapelets..	non émaillées......	argentées.	»	1 50	»
		dorées ...	»	2 »	»
	émaillées.........	argentées.	»	2 50	»
		dorées ...	»	3 »	»
Bagues méplates avec légende.........	non émaillées......	argentées.	33 »	3 »	»
		dorées ...	39 »	3 50	»
	émaillées.........	argentées.	42 »	4 »	»
		dorées ...	48 »	4 50	»

BOUTONS DE MANCHETTES ÉMAILLÉS

	La douz	La paire
De 23 millim., avec fonds, nos 125, 126, 127, 209, dorés....	22 »	2 »
De 23 et 24 millim., sans fonds, nos 93-94, 137, 96, 97, 124. 151,137, 193, 143, 225, 197. dorés...............	18 »	1 75
De 19, 20 et 21 millim., sans fonds, nos 99, 101, 101 *bis*, 103, 104. 106, 135, 108, 110, 194, 196, 199, 239. 132, dorés.	16 50	1 50
De 24 millim., sans fonds, nos 154, 113, 114, 116, 117, 120, 155, 122, 123, dorés	18 »	1 75
De 21 millim., sans fonds, nos 152, 129, 115, 118, 145, 195, dorés.	19 50	1 75
Broches en minargent, dorées............	20 »	2 »
Broches en mosaïque montées en vermeil, depuis 6 jusqu'à 60 et 80 francs.		
Pendants d'oreilles, dorés............	15 »	»
Pendants d'oreilles, émaillés	21 »	»
Boucles de souliers, fortement argentées............	57 »	5 »
Boucles de souliers, argentées............	30 »	3 50

NOTA. — *Les numéros pointillés, 3 francs en plus par douzaine.*

TARIF DES MÉDAILLES EN MINARGENT ARGENTÉES, INOXYDABLES

DÉSIGNATION des MÉDAILLES	LA GROSSE	00 12 millim.	0 14 millim.	A 16 millim.	1 17 millim.	2 20 millim.	3 21 millim.	3 1/2 23 millim.	4 24 millim.	5 26 millim.	6 29 millim.	7 34 millim.	8 37 millim.	9 42 millim.
Miraculeuses	argentées	3 »	3 50	4 25	5 25	6 »	7 50	8 50	11 50	14 »	18 »	40 »	50	66
	dorées	4 50	6 25	8 »	10 »	12 »	15 »	18 »	24 »	28 »	36 »	75 »	100	140
Notre-Dame-de-Lourdes	argentées	3 »	3 50	»	5 25	6 »	7 50	8 50	11 50	»	»	40 »	»	»
	dorées	4 50	6 25	»	10 »	12 »	15 »	18 »	24 »	»	»	75 »	»	»
Notre-Dame-de-la-Salette	argentées	»	»	»	5 25	»	7 50	8 50	»	»	»	»	»	»
	dorées	»	»	»	10 »	»	15 »	18 »	»	»	»	»	»	»
Enfants de Marie	argentées	»	»	»	»	»	»	»	»	14 »	18 »	»	50	66
	dorées	»	»	»	»	»	»	»	»	28 »	36 »	»	100	140
De saint Joseph	argentées	3 »	3 50	»	5 25	6 »	7 50	8 50	11 50	»	»	40 »	»	»
	dorées	4 50	6 25	»	10 »	12 »	15 »	18 »	24 »	»	»	75 »	»	»
De saint Benoit	argentées	»	»	»	5 25	»	7 50	»	»	14 »	»	»	»	»
	dorées	»	»	»	10 »	»	15 »	»	»	28 »	»	»	»	»
Du Concile	argentées	»	»	»	5 25	»	7 50	»	»	14 »	»	»	»	»
	dorées	»	»	»	10 »	»	15 »	»	»	28 »	»	»	»	»
De Ste Philomène	argentées	»	»	»	»	»	»	8 50	»	»	»	»	»	»
	dorées	»	»	»	»	»	»	18 »	»	»	»	»	»	»
Du Rosaire	argentées	»	»	»	»	»	»	»	»	»	»	40 »	»	»
De Pontmain	argentées	3 »	3 50	»	5 25	»	7 50	8 50	11 50	»	»	»	»	72
Id., à festons	argentées	»	»	»	»	»	»	»	»	17 »	»	»	»	»
Du S.-G. de Marie, ronde à bélière	argentées	»	»	»	»	»	»	22 »	»	»	»	»	»	»
Avec dos uni pour recevoir des gravures	la douzaine argentées	»	»	»	»	»	»	»	»	»	2 50	4 75	6	»

PARIS. — TYPOGRAPHIE ET LITHOGRAPHIE V'e RENOU, MAULDE ET COCK, RUE DE RIVOLI, 144. — 54843